Bernadette Calonego

NEWFOUNDLAND & LABRADOR

Kanada

50 TIPPS ABSEITS der ausgetretenen PFADE

360° medien

IMPRESSUM
Newfoundland & Labrador – Kanada
50 Tipps abseits der ausgetretenen Pfade
Bernadette Calonego

Nachtigallenweg 1 | 40822 Mettmann
info@360grad-medien.de | 360grad-medien.de

Redaktion und Lektorat: 360° medien

Satz und Layout: Elke Gräfe

Gedruckt und gebunden:
LUC GmbH | Hansaring 118 | 48268 Greven | luc-medienhaus.de

Bildnachweis: siehe Seite 256
Sicherheitshinweis: siehe Seite 256

ISBN: 978-3-96855-297-2
Hergestellt in Deutschland

360grad-medien.de

Bernadette Calonego

NEWFOUNDLAND & LABRADOR

Kanada

50 TIPPS ABSEITS der ausgetretenen PFADE

360° medien

VORWORT

Liebe Leserin, lieber Leser,

es ist spannend, dass ich Sie in entlegene Ecken und kaum beachtete Gegenden in Newfoundland und Labrador führen darf. Wahrscheinlich gehören Sie zu den abenteuerlustigen, neugierigen Individualreisenden mit einem Flair für das Außergewöhnliche. Für Sie habe ich 50 Perlen herausgesucht.

Vor fünfzehn Jahren verliebte ich mich in diese faszinierende kanadische Provinz, die aus der Insel Newfoundland und dem „Großen Land" Labrador besteht. Seither reise und trekke ich jedes Jahr kreuz und quer durch die Tundra oder wilde Bergregionen, an imposante Küsten und durch unbekannte Wälder. Newfoundland und Labrador sind eine Schatztruhe an idyllischen Fischerdörfchen, menschenleeren Buchten, an Wanderungen mit atemberaubenden Ausblicken und Landschaften. Orte so authentisch und einnehmend wie die Menschen dort.

Newfoundland und Labrador ist die jüngste kanadische Provinz, sie stieß erst 1949 zu Kanada. Im riesigen Labrador leben nicht einmal 30.000 Menschen, das macht im Schnitt einen Bewohner auf elf Quadratkilometer. Die Insel Newfoundland ist etwa so groß wie Bayern und Baden-Württemberg zusammen. Hier leben rund 480.000 Menschen und 120.000 Elche. Die Küstenlinie Newfoundlands, an der sich die meisten Siedlungen befinden, ist 9658 Kilometer lang.

Sie werden schnell realisieren, dass die Provinz landschaftlich und klimatisch keine Einheit bildet. Der Südosten der Insel Newfoundland beispielsweise ist so ganz anders als die Gegenden, die vom Ozean abgeschirmt sind, auch anders als die Nordspitze, die arktischen Meeresströmungen und Winden ausgesetzt ist. Und Labrador ist ein Universum für sich.

Ich habe den Reiseführer mit der Hauptstadt St. John's angefangen, aber man kann natürlich auch nach Deer Lake fliegen und dort das Abenteuer beginnen. Naturgemäß erwähne ich in diesem Reiseführer Touristenmagnete wie den Gros Morne National Park, Trinity und Twillingate, L'Anse aux Meadows oder die französische Enklave Saint-Pierre et Miquelon nur kurz. In Labrador habe ich mich auf den Süden konzentriert. Destinationen wie die Torngat-Berge können sich nur wenige Touristen leisten. Zudem dürfte der Norden Labradors die Zeitplanung der meisten Besucher sprengen. Für viele ist es schon eine Herausforderung, genügend Zeit für den Süden freizumachen, wenn sie die Insel Newfoundland ohne Hast erkunden wollen. Man darf die Größe Newfoundlands nicht unterschätzen. Von St. Anthony an der Nordspitze der Insel bis nach St. John's in der südöstlichen Ecke fährt man ohne Halt zwölf Stunden!

Die empfohlenen Orte in diesem Buch stellen eine Auswahl der ungezählten Möglichkeiten in Newfoundland und Labrador dar. Sie werden feststellen, dass Gestein und Geologie eine wichtige Rolle spielen, schließlich wird Newfoundland „The Rock" genannt. Noch etwas: Die beste Zeit für Eisberge und Walbeobachtung sind die Monate Juni und Juli. Auf den Wetterbericht ist nicht immer Verlass, aber mit Wind müssen Sie fast immer rechnen.

Über die faszinierenden Wetterwechsel, die originellen Bewohner und über unsere Lieblingsorte habe ich mich mit den Newfoundland-Fans Manfred Eyhorn, Gabriele Fester und Sansonett Bärli intensiv ausgetauscht. Diesem Trio widme ich den vorliegenden Reiseführer.

Wenn Sie, liebe Reisende, aus Newfoundland und Labrador zurückkehren, lassen Sie mich doch wissen, wie es Ihnen gefallen hat!

Bernadette Calonego

INHALTSVERZEICHNIS

Weiße Moororchideen im Abendlicht

Hinweis: Aus Gründen der besseren Lesbarkeit wird auf eine geschlechtsneutrale Differenzierung verzichtet. Entsprechende Begriffe gelten im Sinne der Gleichbehandlung grundsätzlich für alle Geschlechter. Die verkürzte Sprachform beinhaltet keine Wertung.

WILLKOMMEN IN NEWFOUNDLAND UND LABRADOR!

Bunte Häuser leuchten wie Schönheitstupfer in der rauen Natur. Bootsstege mit Stelzen aus dünnen, knorrigen Baumstämmen ragen ins Wasser. Der aufgewühlte Ozean bricht sich an mächtigen, zerklüfteten Klippenwänden. Kleine Holzboote warten darauf, aus der Bucht auf den weiten Ozean hinauszufahren. Elche und Karibus staksen durch die stoppelige Tundra, im Hintergrund schimmern die weißen Rücken der Bergzüge. Wie ist es möglich, sich von solchen Bildern nicht verlocken zu lassen?

Eisberg im Süden Labradors

Die Provinz Newfoundland und Labrador ist 405.000 Quadratkilometer groß. Urig sind ihre Landschaften und unverstellt wirken ihre Bewohner. Nichts wirft die Menschen hier so leicht um, vor allem das unstete und alles dominierende Wetter nicht. Diese windzerzauste Region an der Ostküste Kanadas, die kein Ziel des Massentourismus ist, biedert sich nicht an, sie wirkt vollkommen ursprünglich. Hier gibt es saubere Luft zum Atmen, viel menschenleeren Raum, Stille und Weite, um zu sich selbst zu finden.

Und gleichzeitig stößt man auf eine Reihe von Superlativen! In Mistaken Point findet sich die älteste Anhäufung größerer Fossilien auf der Welt, in L'Anse Amour der älteste dokumentierte Grabhügel auf dem nordamerikanischen Kontinent, in Flowers Cove unfassbar seltene, von winzigen Bakterien erbaute Steinhügel, die 450 Millionen Jahre alt sind, in Witless Bay die größte Papageitaucherkolonie Nordamerikas. Und der Gros Morne National Park ist einer der ganz wenigen Orte der Welt, wo man auf dem Erdmantel wandern kann.

Kaum etwas verkörpert die naturgewaltige Schönheit von Newfoundland und Labrador so eindrücklich wie Eisberge. Hier schwimmen die weißen Riesen oft ganz nah an die Küsten heran. Man muss nicht weit wandern oder fahren, um sie aus geringer Distanz zu sehen. Manche der Eisberge bleiben in den Buchten der Dörfer stecken. Was für ein Erlebnis, wenn sie direkt vor dem Schlafzimmerfenster parken! Um den Standort von Eisbergen zu finden, schaut man am besten auf der Webseite *icebergfinder.ca* nach.

Buckelwale im Norden Newfoundlands

Ein Lärm, der sich anhört wie zuknallende Autotüren, kann nur eines bedeuten: Buckelwale klatschen ihre mächtigen Flossen auf die Wasseroberfläche! Eine ganze Herde jagt Heringschwärme in der Bucht von Ship Cove im Norden Newfoundlands, begleitet von einem hundeähnlichen Bellen. Die Zuschauer beobachten das Treiben wie in Trance vom Ufer aus. Walen so nahe zu kommen, ist vielerorts möglich, etwa in der Bucht von St. Vincent's im Süden der Avalon-Halbinsel, in Forteau Bay im Süden Labradors oder auf der Insel Quirpon. Dort kann man den Buckelwalen von oben ins Maul schauen, wenn sie Fischschwärme schlucken.

Newfoundland und Labrador ist eine junge Provinz mit einer uralten Geschichte. Man kann sie an manchen Schauplätzen förmlich mit Händen greifen. Im Küstendorf Fleur de Lys zum Beispiel. Dort sieht man in Specksteinwänden immer noch die unvollendeten Öllampenschalen, die prähistorische Menschen aus dem Gestein herausschnitzten – als wäre es gestern gewesen. In Boyd's Cove wandert man durch den Wald auf eine Lichtung am Wasser, wo früher die Beothuk-Ureinwohner Häuser und Kanus hatten. In L'Anse aux Meadows, wo man die Reste einer Wikingersiedlung ausgrub, fühlt man sich tausend Jahre zurückversetzt und glaubt, die Wikingerboote müssten gleich am Horizont erscheinen. Fast surreal fühlt es sich in L'Anse Amour in Labrador an, wo ein 7500 Jahre alter Grabhügel in einer urzeitlich anmutenden Landschaft das Geheimnis einer höchst ungewöhnlichen Bestattung birgt.

Die Seele von Newfoundland und Labrador findet man in den bescheidenen, pittoresken Fischerdörfern, wo das Leben noch entschleunigt und aufs Wesentliche reduziert ist. Wenn die Motorboote der Küstenfischer von ihrem Fang zurückkehren, spielen sich Rituale wie vor Generationen ab. Die Meeresluft riecht nach Salz, Fisch, nassen Netzen. Die Zurufe der Fischer mischen sich mit dem Rauschen des Ozeans. Bunte Plastikkisten mit Kabeljau und zerstoßenem Eis stapeln sich auf den Holzplanken. Schnell weiß jeder, welche Mengen der andere hereingeholt hat. Die Fischer, deren Vorfahren aus England, Irland oder Frankreich stammen, scherzen mit den Umstehenden, während sie die Kisten zum Truck des wartenden Fischhändlers tragen.

In den 1950er-Jahren begann die Provinzregierung, viele Bewohner isolierter Fischerdörfer umzusiedeln, weil man nicht überall hin Straßen bauen und Stromleitungen verlegen konnte. Es ist spannend, zu verlassenen Siedlungen in einsamen Buchten zu wandern, die früher nur mit Booten erreicht werden konnten. In Fortune an der nördlichen Spitze Newfoundlands etwa lebten einst acht Familien. Die Menschen zogen 1972 weg. Das letzte Haus zerfällt immer mehr. Die Turmspitze der einstigen Kirche vermodert im hohen Gras. Es gibt indes immer noch bewohnte Siedlungen, etwa Francois oder Grey River an der Südküste Newfoundlands, die nur auf dem Wasserweg erreichbar sind.

Das Innere der Provinz ist ziemlich leer. Wildnis herrscht vor: Dickicht, Seen, Sümpfe, Tundra und Wälder. Bis 1988 gab es eine fast 1500 Kilometer lange Eisenbahnstrecke quer durch Newfoundland. Noch vor ihrer Stilllegung entstand 1965 der Trans-Canada Highway (TCH), der von St. John's nach Deer Lake führt. Dort trifft der TCH auf die Straße, die den Fährhafen Port aux Basques im Süden mit der zweitgrößten Stadt Corner Brook und schließlich mit

Wikingersiedlung in L'Anse aux Meadows

Fischerschuppen in St. Lunaire-Griquet

St. Anthony ganz im Norden verbindet. In Labrador wird der abenteuerliche Trans-Labrador Highway von Blanc-Sablon nach Happy Valley-Goose Bay vollständig asphaltiert. Doch entdeckt man die Gegenden erst richtig abseits dieser Hauptadern, in kleinen Häfen, versteckten Buchten und auf felsigen Inseln.

Und natürlich auf den vielen Wanderwegen zu wundersamen, überraschenden Ecken außerhalb der Dörfer und in den herrlichen Nationalparks.

Die Provinz Newfoundland und Labrador ist ein vielfältiges, grandioses Wanderparadies, das noch zu entdecken ist. Der 336 Kilometer lange Fernwanderweg East Coast Trail, ein absolutes Kleinod, entstand dank der harten Arbeit vieler Freiwilliger.

Besuchern sei als liebevolle Warnung auf den Weg gegeben: In Newfoundland und Labrador kann man nicht aufhören zu fotografieren. Diese steinige und doch so zauberhafte Region – die Wildblumen im Sommer sind von fast überirdischem Liebreiz – ist eine Offenbarung, die tief innen wirkt und auch nach der Reise nicht mehr loslässt.

TOP 10

DER SEHENSWÜRDIGKEITEN IN NEWFOUNDLAND & LABRADOR

---

1 **Gros Morne National Park:** In den sogenannten Tablelands wurde ein großes Stück des Erdmantels durch das Aufeinanderprallen von tektonischen Platten an die Oberfläche gedrückt. Jetzt kann man darauf spazieren! Der Mantel verbirgt sich sonst mehr als eineinhalb Kilometer unter der Erdoberfläche. Der Gros Morne National Park seinen spektakulären Wanderwegen ist ein geologisches Phänomen und seit 1987 Weltkulturerbe der UNESCO. Eine Schifffahrt im Western Brook Pond, durch Fjorde und an steilen Klippen vorbei, ist ein Muss für Touristen; *parks.canada.ca/pn-np/nl/grosmorne*

---

2 **L'Anse aux Meadows:** Eine Gruppe von Wikingern landete im Jahr 1021 an der Nordspitze Newfoundlands. Die Wikinger betraten also den nordamerikanischen Kontinent rund 500 Jahre vor Kolumbus! 1960 entdeckte der norwegische Anwalt Helge Ingstad Spuren einer Wikingersiedlung beim Fischerdorf L'Anse aux Meadows. Seine Frau Anne Stine Ingstad, eine Archäologin, und ihr internationales Team gruben die Fundamente aus. Man kann diese Stellen sehen und nachgebildete Grassodenhäuser besichtigen, in denen als Wikinger verkleidete Einheimische von den alten Zeiten erzählen. L'Anse aux Meadows ist seit 1978 ein Weltkulturerbe der UNESCO; *newfoundlandlabrador.com/top-destinations/lanse-aux-meadows*

3 **St. John's mit Signal Hill und Quidi Vidi:** St. John's gilt als die älteste Stadt, die von Europäern auf dem nordamerikanischen Kontinent gegründet wurde. Hier ist noch viel Geschichte zu sehen, angefangen mit dem Signal Hill, einem Hügel mitten in der Stadt, von dem man eine 360-Grad-Rundsicht genießt. Dort steht auch der Cabot Tower; dieser Turm war allerdings nicht der Ort (wie oft behauptet wird), wo Guglielmo Marconi 1901 das erste transatlantische Funksignal aus England empfing. Das soll in einem Krankenhaus weiter unten am Signal Hill geschehen sein. Die Altstadt mit den bunten Häusern an der sogenannten Jellybean Row, das bemerkenswerte Museum „The Rooms" und der Hafen gehören zu jedem Besucherprogramm. Besonders fotogen ist die kleine Fischersiedlung Quidi Vidi an der Nordseite von Signal Hill, in der man die Ateliers von örtlichen Künstlern und Kunsthandwerkern besichtigen kann; *newfoundlandlabrador.com/top-destinations/st-johns*

4 **Cape Spear Lighthouse National Historic Site:** Den östlichsten Punkt auf dem nordamerikanischen Kontinent findet man auf den dramatischen Klippen von Cape Spear, auf denen der älteste noch erhaltene Leuchtturm Newfoundlands steht. Der rund elf Kilometer von St. John's entfernte Turm wächst aus der Mitte des Leuchtturmwärterhauses in die Höhe. Während 150 Jahren bewohnten Generationen derselben Familie Cantwell das Haus. In der Nähe wurde Fort Cape Spear gebaut, eine Verteidigungsfestung aus dem Zweiten Weltkrieg, die den Hafen von St. John's schützte. In der Umgebung finden sich tolle Wanderwege; *pc.gc.ca/en/lhn-nhs/nl/spear*

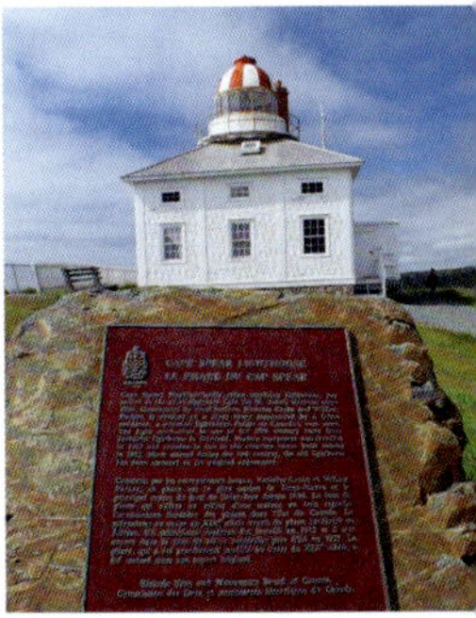

5 **Torngat Mountains National Park:** Der 2008 gegründete Nationalpark umfasst 9700 Quadratkilometer unvergleichliche Wildnis mit Fjorden, Bergen, Stränden, Klippen, Gletschern und Seen, in der seit Tausenden von Jahren Inuit jagen und fischen. Die Landschaft entstand, bevor es Sauerstoff auf unserer Erde gab. Der Name kommt vom Inuktitut-Wort Tongait, was „Ort der Geister" heißt. Der unbewohnte Park, der sich vom Saglek-Fjord bis an die Nordspitze Labradors erstreckt, wird von vielen wilden Tieren wie Eisbären, Schwarzbären, Karibus, Schneeeulen oder Eisfüchsen bewohnt. Es gibt keine Straßen und keine Campingplätze, aber im Torngat Mountains Base Camp am Saglek-Fjord können Touristen von Mitte Juli bis Ende August in vorhandenen Zelten schlafen und zu Touren aufbrechen, die von Inuitguides geführt werden; *thetorngats.com*

6 **St. Mary's Ecological Reserve:** Das Seevogelparadies, das rund zweieinhalb Stunden von St. John's entfernt liegt, begeistert auch Besucher, die nicht Vogelkenner sind. Nahe dem Dorf St. Bride's auf der Avalon-Halbinsel wandert man vom Besucherzentrum rund 20 Minuten den Klippen entlang zu einem Felsturm und schroffen Wänden, auf deren Nischen Zehntausende von Dreizehenmöwen, Tölpeln sowie Trottel- und Dickschnabellummen nisten.

Auch Tordalke, Kormorane und Gryllteisten findet man dort. Es ist faszinierend, das soziale Verhalten dieser Seevögel aus einer Nähe von zehn bis 20 Metern beobachten zu können. Wer einmal Zeuge war, wie Jungvögel an die Schnäbel der Eltern pochen, um gefüttert zu werden, vergisst es nie; *newfoundlandlabrador.com/top-destinations/cape-st-marys*

---

7 **Baccalieu Coastal Drive:** Entlang dieser gewundenen Küstenstraße trifft man viele bezaubernde kleine Orte an. Es sind nicht nur die Namen wie Heart's Delight, Heart's Desire, Heart's Content oder Dildo, die man in Erinnerung behält, sondern Bilder wie die drei konfettibunten Hüttchen in Cavendish, die zu einem der meist fotografierten Sujets in Newfoundland gehören. Auffallend ist auch Shag Rock, eine aus dem Wasser ragende Felsformation mitten in der Bucht von Whiteway. Auf dem steinigen, windgepeitschten Boden von Grates Cove an der Nordspitze der Halbinsel sind immer noch die Steinmauern zu sehen, die Farmer früher für ihre Schafe errichteten. Auf der Strecke findet man mehrere interessante kleine Museen, zum Beispiel The Heritage Premises in Bay de Verde und das Wooden Boat Museum in Winterton. Die Landschaft lässt sich am besten auf Wanderwegen genießen, etwa in Red Head Cove, Grates Cove oder Cupids, der zweitältesten Siedlung in Nordamerika. Dazwischen gibt es auch hübsche Buchten mit Sandstränden zum Entspannen, etwa in Salmon Cove oder Northern Bay Sands; *itineraryplanner.newfoundlandlabrador.com/itinerary/baccalieutrail*

8 **Bonavista und Trinity:** In diesen beiden Dörfern mit ihrer wildromantischen Lage haben prachtvolle Gebäude aus der Vergangenheit der Fischerei überlebt. Die beste Aussicht auf Trinity und Umgebung hat man vom Gun-Hill-Wanderpfad. In Trinity wurden viele Bauten renoviert und bilden eine attraktive Bühne für Theaterveranstaltungen, Lesungen und Konzerte. Das ist auch in Bonavista der Fall, aber dort fahren auch heute noch Fischer auf den Nordatlantik hinaus. In Bonavista sind die ehemaligen Lagerhäuser der Handelsherren, die Ryan Premises, zu besichtigen – ein hervorragender Einblick in vergangene Zeiten. Am Hafen kann man die Aktivitäten der Fischer beobachten oder im Dorf auf einem Holzsteg um einen idyllischen Salzwasserteich spazieren. Wenn man aus Bonavista herausfährt, erreicht man den oft fotografierten rot-weißen Leuchtturm und riesige, von wilden Wogen ausgewaschene Torbögen in Klippen, die man The Dungeon nennt. Wer sportlich ist, wandert auf dem Küstenpfad dorthin oder mietet ein Fahrrad; *townofbonavista.com, townoftrinity.com*

9 **Castle Hill National Historic Site:** Ein spannender Ort für Geschichtsinteressierte! Placentia hieß früher Plaisance, denn die Bucht mit ihren reichen Fischgründen war einst von den Franzosen besiedelt. Auf dem Hügel dahinter bauten sie eine Festung, um ihre Fischerei vor den Engländern zu verteidigen. Auf Castle Hill kann man die Reste davon sehen. Die Engländer versuchten während zwei Jahren vergeblich, Placentia auszuhungern. Obwohl die Franzosen zwischen 1692 und 1709 mehrfach St. John's erfolgreich angriffen, mussten sie Placentia schließlich an die Engländer übergeben und ihre Siedlungen in

Newfoundland verlassen. Darauf hatten sich die Monarchen von England und Frankreich im Friedensvertrag von Utrecht im Jahr 1713 geeinigt. Eine Ausstellung auf Castle Hill erklärt das alles sehr anschaulich. Vom Hügel aus hat man eine umwerfende Aussicht auf das schön gelegene Placentia,

das einst eine so bedeutende Rolle in Newfoundland spielte; *parks.canada.ca/lhn-nhs/nl/castlehill*

---

10 **Port au Choix und Pointe Riche:** Hier findet man Zeugnisse menschlicher Präsenz über einen Zeitraum von 4400 Jahren hinweg. Das Dorf Port au Choix erhielt seinen Namen von französisch-baskischen Fischern, die wegen des üppigen Fischfangs hierher kamen. Ihre Kontakte mit Inuit waren die ersten Kontakte von Europäern, seit die Wikinger viel früher und weiter oben an der Küste auf Ureinwohner trafen. Beide Seiten waren sehr vorsichtig im Umgang miteinander, aber sie tauschten Ware aus. Port au Choix ist, was Archäologie betrifft, einer der reichhaltigsten Orte im Nordosten Nordamerikas.

Hier lebten durch die Jahrtausende mehrere indigene Kulturen, die alle ihre Spuren hinterließen. Im örtlichen Museum kann man die gefundenen Artifakte und die geschichtlichen Abläufe sehen. Einen nachhaltigen Eindruck hinterlässt auch die Wanderung zu Philip's Garden, einem der Ausgrabungsorte, über Kalksteinebenen und bizarr geformten Uferfelsen entlang zum Leuchtturm von Point Riche. Im Ufergestein findet man viele Fossilien; *townofportauchoix.ca*

KURIOSES & BESONDERHEITEN

AUS NEWFOUNDLAND UND LABRADOR

Dass gewisse Dinge ganz anders sind im entlegenen Newfoundland und im noch entlegeneren Labrador, versteht sich von selbst. Den Menschen dort gefällt, dass sie sich vom restlichen Kanada unterscheiden.

Mummering: Mummering ist ein Brauch, der wahrscheinlich von den Iren und Engländern in Newfoundland und Labrador eingeführt wurde. Hier wird Weihnachten nicht nur an einem Tag, sondern an zwölf Tagen gefeiert. Während dieser Zeit verkleiden sich Gruppen mit alten Tüchern und Gewändern, setzen eine Maske auf oder auch nur einen Kissenanzug mit Augenschlitzen. Dann ziehen sie von Haus zu Haus und fragen an der Tür: „Any mummers allowed in?"(Dürfen Mummers hereinkommen?). Sie werden mit Getränken und Weihnachtsgebäck bewirtet, dann spielt ein Mummer Musik (oft eine Ziehharmonika) und die Anwesenden tanzen einen Jig. Am Ende der Nacht sind die Mummers oft ziemlich beschwipst und laut, wie man sich vorstellen kann. Am nächsten Abend geht es gerade so weiter.

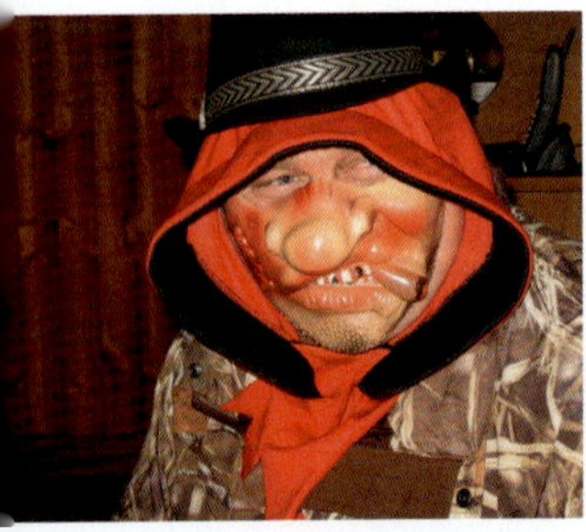

Rekordverdächtiger Plankenweg: Rigolet ist eine kleine, abgeschiedene Inuit-Gemeinde an der Ostküste Labradors, zu der keine Straßen führen, die aber neuerdings nicht mehr so leicht übersehen werden kann. Die

Bewohner haben an ihrer Küste den wahrscheinlich längsten Plankenweg in Nordamerika gebaut: er ist über acht Kilometer lang. Der Holzsteg führt dem Wasser entlang an Orten vorbei, wo die Einheimischen früher Lachs fingen oder wohnten. Am Ende des Wanderpfades findet man die Reste von drei Grassodenhäusern, deren Fundamente in den vergangenen Jahren ausgegraben wurden. Rigolet möchte der Drehpunkt für einen jungen Nationalpark in Labrador werden, den 2015 entstandenen und 10.700 Quadratkilometer großen Mealy Mountain National Park Reserve.

Amelia Earhart: Der Name der berühmten US-amerikanischen Flugpionierin Amelia Earhart wird für immer mit dem Dorf Harbour Grace verbunden sein. Denn von hier aus startete die Pilotin im Mai 1932 mit einer einmotorigen Maschine ihren legendären Nonstop-Flug über den Atlantik. Es war ein mit vielen Komplikationen belasteter Flug, der fast fünfzehn Stunden dauerte. Die damals 34-jährige Amelia Earhart landete ihre „Lockheed Vega" auf einer Kuhweide in Culmore in Nordirland. Sie war die erste Frau, der ein Solo-Transatlantikflug als Pilotin gelang. In Harbour Grace hatte man 1927 eine Kiespiste gebaut, um solche Nordatlantikflüge möglich zu machen. Man kann sie heute immer noch als Graspiste sehen. In Harbour Grace erinnerte eine Statue von Amelia Earhart (1897, verschollen 1937) an ihren historischen Flug. Die Statue wurde im April 2025 leider gestohlen. Die Stadt hofft, sie bald wieder zurückzubekommen. Das Conception Bay Museum ist eine Fundgrube an Informationen.

Saint-Pierre et Miquelon: Newfoundland grenzt an ein Stück Frankreich in Gestalt einiger Inselchen vor der Südostküste. Der Archipel Saint-Pierre et Miquelon besteht aus acht Inseln von insgesamt 242 Quadratkilometern Fläche, aber nur zwei sind bewohnt. Die rund 6000 Menschen sind französische Staatsbürger. Es gibt einen Flugplatz für Langstreckenflüge und natürlich einen Fischerhafen. Die Dörfer sehen malerisch aus, mit historischen, bunten Häusern und gemütlichen Restaurants. In der Vergangenheit wechselten die Inseln mehrfach von französischer zu britischer Herrschaft, aber seit 1816 sind sie fest in Frankreichs Hand, was man nicht zuletzt an der Küche und an eigenen Gendarmes sieht. Um dieses europäische Territorium zu besuchen, kann man von der Westseite der Halbinsel Burin mit einer Autofähre übersetzen und muss natürlich dazu seinen Pass zeigen.

Fogo Island Inn: Hinter einem Aufsehen erregenden, futuristischen Hotel auf Stelzen steckt eine beeindruckende Frau namens Zita Cobb. Sie wuchs in Armut auf der kleinen unfruchtbaren Insel Fogo auf, wo ihr Elternhaus immer noch im Dorf Joe Batt's Arm steht. Als 16-Jährige verließ sie Fogo und studierte Wirtschaft. Später versuchte sie ihr Glück in Kalifornien. Im Jahr 2008 kehrte sie als Multimillionärin auf die steinige, den Winterstürmen ausgesetzte Insel an Newfoundlands Nordostküste zurück, nachdem sie als Finanzchefin bei einem US-Glasfaseroptikkonzern ein Vermögen gemacht hatte. In ihr entstand der visionäre Plan, den rund 2700 Menschen auf ihrer Insel, die meist nicht gerade gut vom Fischen und von ein bisschen Tourismus lebten, eine Einkommensquelle für die Zukunft zu ermöglichen. Zita Cobb gründete die Shorefast-Stiftung und ließ vom kanadischen Architekten Todd Saunders ein hypermodernes Luxushotel mit 29 Zimmern entwerfen, das von den Bootsstegen auf Fogo inspiriert ist und wuchtig auf den kahlen Uferfelsen thront. Im Innern des Hotels erinnern Möbel, Textilien und Farben an örtliche Traditionen. Der Gewinn aus dem Hotelbetrieb fließt in die elf Dörfer auf der Insel zurück. Einheimische machen die gutbetuchten Hotelgäste aus der ganzen Welt mit ihrem Alltag, Handwerk, mit dem Fischen und den Naturgewalten vertraut. Heute ist das Hotel Fogo Island Inn eine große Attraktion in Newfoundland.

Ein Stückchen Québec: Ein kleines, isoliertes Zipfelchen der frankophonen Provinz Québec ist auf der Straße nur von Labrador aus zu erreichen. Schon die Fähre, die von St. Barbe in Newfoundland an die Küste von Labrador verkehrt, landet in Québec, nämlich im Fährhafen Blanc-Sablon. Biegt man dort links ab, führt eine asphaltierte, 69 Kilometer lange Straße (Chicoutai Scenic Route) nach Vieux-Fort. Dort endet sie und man kommt nur auf dem Wasserweg weiter. Diese Gegend wird Basse-Cote-Nord oder Lower North Shore genannt, und die unberührte raue Landschaft mit Seen und felsigen Hügelzügen sieht aus wie das schottische Hochland. Manche Labradorianer lieben es, die unsichtbare Grenze zwischen den Provinzen zu überschreiten und französisch angehauchte Esswaren einzukaufen oder die örtlichen Restaurants zu besuchen.

Arctic Ocean
Baffin Bay
KANADA
NORTHWEST TERRITORIES
NUNAVUT
YUKON
Yellowknife
Whitehorse
Iqaluit
Hudson Bay
BRITISH COLUMBIA
ALBERTA
SASKATCHEWAN
MANITOBA
QUÉBEC
NEWFOUNDLAND & LABRADOR
Edmonton
ONTARIO
Regina
Winnipeg
Victoria
St. John's
Québec
Charlottetown
Ottawa
1
2
Fredericton
3
Halifax
Toronto
USA
1 NEW BRUNSWICK
2 PRINCE EDWARD ISLAND
3 NOVA SCOTIA
Atlantic Ocean

LABRADOR
L`Anse au Loup
Forteau
St. Anthony
Flowers Cove
Main Brook
Conche
Port au Choix
Englee
KANADA
Sankt-Lorenz-Golf
La Scie
Baie Verte
Atlantischer Ozean
Rocky Harbour
King`s Point
Twillingate
Joe Batt`s Arm
Springdale
Trout River
Robert's Arm
Musgrave Harbour
Deer Lake
Lewisporte
Newtown
Lark Harbour
Botwood
Corner Brook
Badger
Gander
Grand Falls-Windsor
Dover
Gambo
Bonavista
Glovertown
Stephenville
NEWFOUNDLAND
Trinity East
Clarenville
Old Perlican
St Alban's
Arnold`s Cove
Carbonear
Channel-Port Aux Basques
Burgeo
Harbour Breton
Bay Roberts
St John's
Conception Bay South
Cabotstraße
Grand Bank
Marystown
Placentia
Bay Bulls
Burin
Ferryland
St Bride's
Cappahayden
SAINT-PIERRE ET MIQUELON
St. Vincent`s
Saint Pierre
Trepassey

St. John's und Umgebung

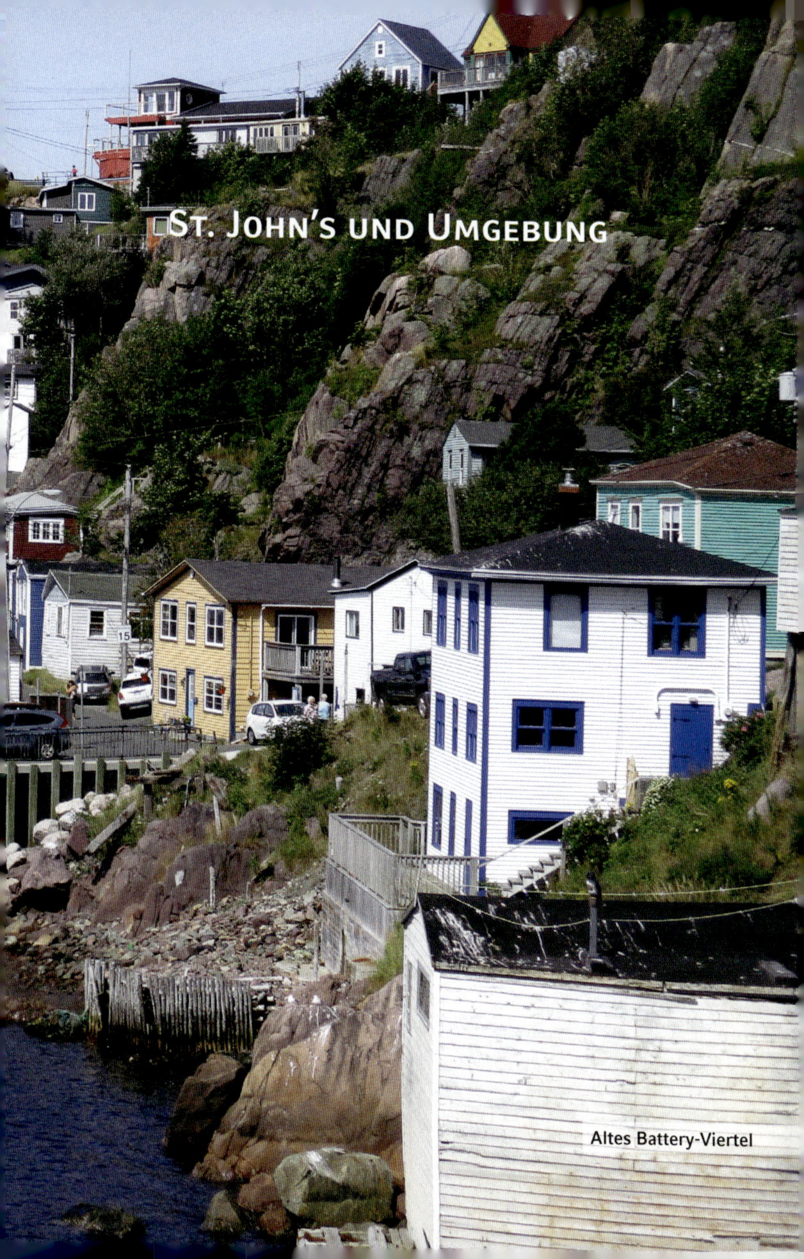

Altes Battery-Viertel

St. John's und Umgebung

1. St. John's: wer sucht, der findet Verborgenes
2. Familienspaß entlang der Küste bei St. John's
3. Bell Island: Klippen, Höhlen und Stollen
4. Colony of Avalon: so lebten die ersten weißen Siedler
5. Fossilien im Mistaken Point Ecological Reserve: unter Asche auf ewig bewahrt
6. Witless Bay: unermüdliche Retter der Papageitaucher
7. East Coast Trail: Geheimtipp unter den Fernwanderwegen
8. Brigus: goldenes Zeitalter für Unternehmer und Entdecker

Heart's Content
70
Carbonear
Harbour Grace
Trinity Bay
80
Bellevue
Spaniard's Bay
Bay Roberts
Conception Bay
3
Portugal Cove-St Philip's
Torbay
2
7
1
St John's
8
Brigus
75
Conception Bay South
Mt Pearl
2
1
7
Chapel Arm
Goulds
7
6
NEWFOUNDLAND
Colinet
Cape Broyle
90
4
Ferryland
10
Renews
7
Atlantischer Ozean
St Mary's
Cappahayden
St Vincent's
Trepassey
5
Portugal Cove South
St Shott's

1. St. John's: wer sucht, der findet Verborgenes

Im Bowring Park, einer ausgedehnten Stadtoase, kann man ein bislang wenig beachtetes architektonisches Kleinod der Moderne entdecken. In der Industriezone findet sich ein Hinweis auf das Grab der letzten Beothuk-Indianerin, die 1829 in St. John's starb. Und auf einem Pfad entlang der Klippen erspäht man Überreste einer ausgeklügelten Verteidigungsstrategie im Hafen.

Der Bowring Park ist rund 80 Hektar groß und bei den Bewohnern von St. John's sehr beliebt. Der Stadtpark wurde 1914 eröffnet und bietet heute nicht nur Teiche, Schwimmbecken, Sport- und Spielplätze, sondern auch lange Wanderwege einem Fluss entlang oder durch bewaldete Gebiete. Im Park findet sich zudem das Werk eines weltweit bekannten Baustatikers: eine Auslegerbogenbrücke. Bei solchen Brücken ist nur ein Ende im Beton verankert, das andere ist freischwebend. Das bedeutsame Bauwerk der Moderne wurde in den späten 1950er-Jahren vom Bahnunternehmen Canadian National Railway in Auftrag gegeben. Der Hochbauingenieur Ove Arup, der die Statik dieser Brücke entwarf, hat sich wegen seiner Arbeit am berühmten Opernhaus in Australiens Hauptstadt Sidney einen Na-

Ententeich im Bowring Park

men gemacht. Sir Ove Arup, der 1971 zum britischen Ritter geschlagen wurde und 1988 starb, soll die Brücke sehr gemocht haben. Den meisten Bewohnern von St. John's war Ove Arup nicht bekannt, und die Brücke fristete ein Aschenbrödeldasein, bis die Stadtbehörden das von Graffitis beschmierte Bauwerk reinigten und reparierten. Seit November 2023 erstrahlt es wieder in neuem Glanz.

Der Bannerman Park im alten Stadtkern von St. John's ist viel, viel kleiner als der Bowring Park. Dort befindet sich seit 2007 eine Gedenktafel, die Shanawdithit, der letzten dokumentierten Überlebenden der Beothuk First Nations, gewidmet ist. Es gibt indes noch eine zweite, wenig beachtete Erinnerungsstätte in der Nähe ihres einstigen Grabes. Shanawdithit wurde in St. John's bestattet, aber der Friedhof wurde leider 1903 und die Kirche 1963 dem Erdboden gleich gemacht. Man muss die Southside Road im Industriegebiet abfahren, um die zweite Gedenktafel aufzuspüren. Sie steht auf der rechten Straßenseite unter den Bürofenstern der städtischen Kläranlage (Riverhead Wastewater Treatment Facility). Die Inschrift erinnert an Fischer und Seeleute und – in einem Nachsatz – an Shanawdithit. Von ihrem tragischen Schicksal steht allerdings nichts. Die junge Indianerin wurde im Jahr 1819 von Weißen gefangen genommen, ihre Schwester und Mutter starben kurz darauf. Shanawdithit realisierte nach dem Tod ihrer Familie, dass sie die einzige Überlebende ihres Volkes war. Die weißen Siedler hatten die Beothuk-Indianer in gewalttätigen Konfrontationen und durch die Zerstörung ihrer Lebensgrundlagen in rund 300 Jahren ausgerottet. Shanawdithit lebte zuletzt im Haus des Forschers William Epps Cormack in St. John's, dem sie in Worten und Skizzen wertvolle Informationen über die Sprache, Kultur und Lebensweise der Beothuk übergab. Shanawdithit starb 1829 an Tuberkulose. Sie wurde nur 28 Jahre alt.

Gedenkstein für letzte Beothuk

Spazierwege im Bowring Park

Während sich die Beothuk gegen aggressive Eindringlinge nicht erfolgreich verteidigen konnten, bauten die Bewohner von St. John's schon früh in der Meerenge vor dem Hafen Sperren gegen Feinde. Überreste davon sieht man heute noch in der South Rock Battery am Fuß von Signal Hill. Der interessanteste Weg dorthin ist der North Head Trail, der auf dem Signal Hill anfängt. Von diesem Wanderpfad aus hat man spektakuläre Ausblicke auf die Meerenge, auf St. John's und den Hafen, der gegen feindliche U-Boote beschützt werden musste. Zwischen zwei herausragenden Uferfelsen – Chain Rock und Pancake Rock – wurden im Zweiten Weltkrieg Stahlnetze gespannt. Wenn man sich dem Ende des Pfades nähert, wo man auf Ruinen der Kriegs-

Wanderweg zur Chain Rock Battery

stellungen trifft, muss man seinen Blick auf die Felsen im Wasser richten. Dort kann man noch Reste von Metallverstrebungen entdecken, an denen die Stahlnetze über eine Distanz von 174 Metern befestigt waren.

INFO

Lage: St. John's liegt an der Südostküste der Insel Newfoundland auf der Halbinsel Avalon. Bowring Park ist 4,8 Kilometer, die Riverhead-Kläranlage, vor der die Gedenktafel für Shanawdithit steht, etwa zwei Kilometer vom Stadtzentrum entfernt. Dasselbe gilt für Signal Hill.

Anfahrt: Für den Bowring Park biegt man vom Columbus Drive in die Waterford Bridge Road ein. Man kann das Auto beim Parkeingang parken. Die Kläranlage Riverhead Wastewater Treatment Facility erreicht man am besten von der Water Street in östlicher Richtung; dann nördlich in die Southside Road einbiegen. Signal Hill befindet sich am Ende der Signal Hill Road unweit des Stadtzentrums. Auf dem Hügel kann man parken. Der Einstieg zum North Head Trail befindet auf der Ozeanseite des Parkplatzes.

Öffnungszeiten: Der Bowring Park ist täglich 24 Stunden geöffnet und gratis. Dasselbe gilt für den North Head Trail.

Unterkunft:

- Blue House on the Narrows, 59 Fort Amherst Road, St. John's, Tel. +1 416 568 997, *bluehouseonthenarrows.com*

Hinweis: Der North Head Trail führt teilweise über steile Holztreppen und steinigen Untergrund. Gutes Schuhwerk ist erforderlich. Gegen Ende des Wanderwegs gibt es eine Stelle über den steil abfallenden Klippen, die mit einer im Fels verankerten Kette gesichert ist. Diese Stelle ist aber nur drei bis vier Schritte lang, und man soll sich nicht davon abhalten lassen. Das alte Viertel mit den bunten fotogenen Holzhäusern, in das der Pfad mündet, wird The Battery genannt. Von hier steigt man hügelaufwärts, zwischen den Häusern hindurch, auf den Signal Hill zurück.

Website: *bowringpark.com*

2. Familienspass entlang der Küste bei St. John's

Im Ocean Sciences Centre kann man Robben beobachten und es gibt einen Streichelzoo mit kleinen Meerestieren. Auf dem Middle Cove Beach lässt es sich spielen, im Wasser waten und picknicken. Bei Torbay Point kommt man den Walen an gewissen Tagen ganz nah. Und auf der Küstenstraße, die dorthin führt, sieht man die Stelle, wo der kanadische Held Terry Fox seinen legendären Hoffnungsmarathon begann.

Das Ocean Sciences Centre in Logy Bay gehört zur Memorial-Universität und ist in etwa fünfzehn Autominuten von St. John's aus zu erreichen. Die architektonisch interessanten Gebäude des Zentrums liegen an einer malerischen Bucht. Studenten dieser Institution nehmen sich die Zeit und Mühe, dem Publikum über ihre Forschung und über die heimischen Meeresbewohner zu erzählen. Vor allem Kinder – aber nicht nur! – fasziniert der offene Wassertank vor den Toren des Zentrums, mit kleinen Tieren wie Seesternen, Seegurken (kein Gemüse!), Krebsen oder Seeigeln. Diese Tiere dürfen angefasst werden. Man kann den Studenten viele Fragen stellen, die sie gern und souverän beantworten. In Aquarien sind Hummer, Seeanemonen und Lumpfische ausgestellt. Eine Außentreppe führt zu den Wasserbecken der Robben. Sie sind Teil eines Forschungsprogramms. Auch dort erklären Studenten die

Middle Cove Beach von oben

Herkunft, Lebensweise und Ernährung der Tiere. Derzeit können die Besucher zwei Sattelrobben-Weibchen und ein Männchen von einer Plattform aus beobachten und fotografieren.

Wenn man schon in Newfoundland ist, möchte man Tiere auch auf freier Wildbahn erleben. Die felsige Nase von Torbay Point, die in den Ozean hinausragt, ist an manchen Tagen ein ausgezeichneter Ort, Wale (vor allem Buckelwale), vom Land aus zu beobachten. Torbay Point erreicht man nach nur einem Kilometer leichten Wanderns. Man läuft zuerst durch den Wald, teilweise auf Holzstegen. Am Endpunkt angekommen, hat man einen großartigen Blick auf die Küstenlandschaft. Von hier aus führt ein schmaler, nicht ganz einfacher Pfad zu den Uferfelsen hinunter, wo man den Walen noch näher ist. Auf demselben Weg geht es wieder zum Parkplatz zurück.

Sattelrobbe im Forschungsprogramm

Zum Middle Cove Beach sind es jetzt nur noch wenige Minuten. Auf diesem Strand tummeln sich die Familien von St. John's. Es ist ein Kieselstrand, den die Kinder am besten in Gummistiefeln oder Sandalen erforschen. Zum Baden ist der Ort nicht wirklich geeignet, das Wasser ist kalt und mit Steinbrocken durchsetzt. Aber zum Waten reicht es. Einheimische braten oft Würste oder Marshmallows über einer Feuerstelle am Strand. Im Juli oder August findet der „Capelin Roll" statt: Die Schwärme des kleinen Fisches Capelin (Lodde) lassen sich von Wogen an den Strand tragen, wo sie laichen. Die kleinen Fische glitzern silbern im Wasser, ein tolles Spektakel! Die Newfoundlander fangen die Capelin mit Netzkellen, manche braten die etwas öligen Fische gleich über einem Feuer.

Hier begann Terry Fox seinen Hoffnungsmarathon.

Nahe Middle Cove Beach sieht man bei einer Ausfahrstelle eine Informationstafel über Terry Fox, er ist ein Held in den Augen vieler Kanadier. Der junge Sportler erkrankte mit achtzehn Jahren an Knochenkrebs. Deswegen wurde ihm das rechte Bein bis zum Knie amputiert. Terry Fox entschloss sich, mit einer Beinprothese Kanada zu Fuß zu durchqueren und auf diese Weise Unterstützung für die Krebsforschung zu gewinnen. Er begann seinen Marathon of Hope im Jahr 1980 in St. John's, starb aber 22-jährig nach 5373 Kilometern Marsch, bevor er ihn beenden konnte. In Outer Cove Beach, einer

Der Strand von Middle Cove Beach

Bucht vor Middle Cove Beach, füllte Terry Fox am 12. April 1980 eine Glasflasche mit Wasser des Nordatlantiks, um es nach Ende seiner Durchquerung in den Pazifik zu gießen. Sein Name steht heute immer noch für Mut und Ausdauer. In ganz Kanada werden jedes Jahr zu seiner Erinnerung Terry-Fox-Läufe zugunsten der Krebsforschung durchgeführt.

INFO

Lage: Das Ocean Sciences Centre, Torbay Point, Outer Cove Beach und Middle Cove Beach liegen an der Küste nördlich von St. John's.

Anfahrt: Von St. John's auf dem Marine Drive etwa zehn bis fünfzehn Minuten fahren, dann rechts in die Marine Lab Road in Logy Bay einbiegen. Das Ocean Sciences Centre liegt am Ende der Straße. Nach Torbay Point auf dem Marine Drive weiterfahren, rechts bei der Doran Lane abbiegen; der Wanderweg beginnt am Ende der Straße. Middle Cove Beach erreicht man ebenfalls auf dem Marine Drive, der Strand ist etwa 20 Minuten von St. John's entfernt.

Öffnungszeiten Ocean Sciences Centre:
11. Juni bis 31. August, Mittwoch bis Sonntag, 10 bis 16:30 Uhr

Eintritt: frei, Spenden willkommen; *mun.ca/osc*

Unterkunft:

- See the Sea Bed & Breakfast: 102 Marine Drive, Torbay, Tel. +1 709 437 1915

Hinweise:

- Beim Middle Cove Beach gibt es portable Toiletten, aber keine Umziehmöglichkeit.
- Wenn der Capelin im Sommer auftaucht, sind die Wale oft nicht weit. Also gut Ausschau halten.
- Hier fängt auch der wunderschöne Wanderweg Silvermine Head Path an, der Teil des Fernwanderweges East Coast Trail ist und in einer Stunde hoch über der Küste zum Dorf Torbay führt (siehe Tipp 7). Der Pfad nach Torbay Point ist der Anfang des Cobbler Path.
- Infos zu Terry Fox: *terryfox.org/terrys-story*

3. Bell Island: Klippen, Höhlen und Stollen

Bell Island ist ein kleines Juwel. Die Klippen dieser Insel, die an einem Tag von St. John's aus erkundet werden kann, sind atemberaubend. Kurze Wanderungen führen zu geheimnisvollen Felsstollen, ausgedienten Minenschächten und versteckten Stränden. Auf Bell Island wurde einst Eisenerz gefördert. Im Zweiten Weltkrieg versenkten deutsche U-Boote deswegen Frachtschiffe im Hafen.

Auf der 9,7 Kilometer langen und 3,5 Kilometer breiten Insel befinden sich nur drei Dörfchen, das größte heißt Wabana. Ein guter Anfang für die Inseltour ist der Leuchtturm aus dem Jahr 1939 beim Lightkeeper's Cafe. Von hier aus lässt sich den hohen, steilen Klippen entlang laufen. Äußerste Vorsicht ist an vielen Stellen angebracht, denn Teile der instabilen Klippen sind schon ins Meer gestürzt. An einigen Orten sind tiefe Spalten entstanden. Abschran-

Klippen mit Minenstollen

kungen gibt es hier nicht. Die Sicht auf die eindrücklichen Felswände, die halbmondförmigen Strände und das türkisfarbene Wasser in den Buchten lässt sich aber auch aus sicherer Distanz genießen. An manchen Stränden wurden Stollen in die Klippen gebaut.

Fassadenmalerei in Wabana

Den Eingang zu solchen Stollen kann man an einem Strand, der Grebe's Nest genannt wird, aus der Nähe sehen. Es sind alte verlassene Minenschächte, die von der Zeit zeugen, da Bell Island ein wichtiger Eisenerzlieferant in Nordamerika war. Um 1890 herum begann die Minentätigkeit, die rasch expandierte. Eisenerz wurde sogar unter dem Meeresboden abgebaut. Man transportierte es nach Sidney in Nova Scotia, um das Rohmetall in einem Stahlwerk zu schmelzen. Im Jahr 1966 wurden die Minen auf Bell Island geschlossen, weil anderswo billiger produziert wurde.

Tunnel zwischen zwei Stränden

Um zum Eingang von verlassenen Minenstollen bei Grebe's Nest zu gelangen, fährt man auf der West Miners Road zur Number Six Road und biegt in die Carter Avenue ein. Wenn der Asphaltbelag aufhört, fährt man auf einer Erdstraße weiter Richtung Ozean und parkt in der Nähe einer kleinen Hütte. Zu Fuß klettert man einen Abhang zum steinigen Strand hinunter. Grebe's Nest ist ein eigentümlich faszinierender Ort. Rechts sieht man die Überreste des in die Klippen gegrabenen Stollens und einen stummelartigen Klippenturm, der ins Wasser hinausragt. Die tiefen, langen Stollen können einbrechen, also bitte nicht betreten! Es gibt indes geführte Touren für Touristen in einer sicheren Mine.

Auf der linken Seite des Strandes von Grebe's Nest erblickt man einen mit Holzbalken abgestützten Tunnel in den Klippen, etwas feucht und teilweise rutschig, aber begehbar. Der Tunnel führt zu einem zweiten Strand, der sonst abgeschnitten wäre.

The Bell ist ein alleinstehender Felsturm.

Die Entdeckungsreise geht weiter: Am östlichen Ende von Bell Island, das man auf der Middleton Avenue erreicht, geht es zum Standort von The Bell. Die Middleton Avenue mündet in die Bell Road, die bei einem Parkplatz endet. Zu Fuß folgt man einem Wiesenpfad Richtung Klippen. The Bell ist ein abgespaltener, allein stehender Steinkoloss, der wegen seiner Form „Die Glocke" genannt wird und der einst Teil der Klippen war. Er sieht aus, als ob ein Riese einen Durchgang aus der Küste herausgebissen hätte. In der Nähe der „Glocke" sind die Klippen hübsch gerundet wie Blumentöpfe, was sehr fotogen ist.

Auf der Bell Road geht es zurück zur Middleton Avenue, die in südlicher Richtung zur Lance Cove Road wird. In Lance Cove, einer Bucht auf der Südseite der Insel, torpedierten im Jahr 1942 U-Boote der Nazis Frachtschiffe mit Eisenerz für die Alliierten. Vier Schiffe versanken und 70 Seeleute verloren ihr Leben. Die Wracks liegen unter Wasser nahe der Küste, und ein Mahnmal erinnert an die Ereignisse. Heute bringen Boote Taucher zu den Wracks.

Bell Island ist einer der wenigen Orte in Nordamerika, die während des Zweiten Weltkriegs angegriffen wurden. Newfoundland war damals eine britische Kolonie. Zwei Kanonen aus dem Zweiten Weltkrieg kann man in ihrer ursprünglichen Stellung in der Nähe des Fährhafens besichtigen. Ein kurzer Pfad führt zu ihnen hinauf.

Klippen gerundet wie Blumentöpfe

INFO

Lage: Bell Island liegt in in der Bucht von Conception Bay östlich von St. John's.

Anfahrt: Die Insel erreicht man in 20 Minuten mit der Autofähre von Portugal Cove-St.-Philip's, der Fährhafen ist etwa zehn Minuten von St. John's entfernt.

Aktivitäten:

- Die fantastischen Klippen von Bell Island können auch von Booten aus besichtigt werden. Information durch Ocean Quest Adventures (auch über Tauchtouren); *oceanquestadventures.com*
- Geführte Minentour des Bell Island Community Museum: Die Untergrundtour dauert rund eine Stunde, gute Schuhe und warme Kleider anziehen; 1. Juni bis 30. September, täglich 10 bis 18 Uhr; fünf Minuten vom Fährhafen entfernt, 13 Compressor Hill, Bell Island, Tel. +1 709 488 28 80, *bellislandminetour.com*

Unterkunft:

- Ferienhaus in Wabana, „On the Verge of Bell Island", AirBnB, zwei Zimmer, zwei Nächte Minimum.

Hinweis: Auf der Insel gibt es wenige Wegweiser oder Informationsschilder und derzeit auch kein Touristenbüro. Am besten, man druckt sich vorher eine Straßenkarte im Internet aus.

Website: *tourismbellisland.com*

4. Colony of Avalon: so lebten die ersten weissen Siedler

Im 17. Jahrhundert wurden Teile der Küste Newfoundlands von englischen Siedlern in Beschlag genommen. In Ferryland auf der Halbinsel Avalon hat man Fundamente ihrer Häuser ausgegraben. Der Ort gilt als die besterhaltene Ausgrabung einer Kolonialsiedlung in Nordamerika. Immer noch arbeiten Archäologen dort, und Besucher dürfen ihnen helfen. Man kann auch lernen, wie diese Siedler kochten.

Fundamente von Häusern aus dem 17 Jahrhunder

Die Überreste der Siedlung Avalon, die Archäologen freilegten, sind eindrücklich: eine Straße aus Kopfsteinpflaster, Reste einer Schmiede, die Grundfesten eines Lagerhauses, Spuren eines Verteidigungswalls am Hafen, Funde einer Bäckerei und einer Brauerei, ja, sogar eine Toilette, die mit jeder Flut gespült wurde. Das Fundament eines großen Hauses, in dem der Gründer der Kolonie wohnte, ist gut sichtbar. Ein nachgebauter Garten gibt eine Vorstellung von den Essgewohnheiten der Bewohner, und man kann in einen tiefen Brunnen hinunterspähen. Richtig lebendig wird die Avalon-Siedlung, wenn eine einheimische Erzählerin die Puzzleteile zu einem spannenden Ganzen zusammenfügt. So war das also damals, als die ersten weißen Siedler in Newfoundland Fuß fassten.

Im Museum „Colony of Avalon", nicht weit von den Ausgrabungen entfernt, erhält man einen fassbaren Einblick in die wechselvolle Geschichte der Menschen, die im 17. Jahrhundert hier lebten. Der Name Ferryland stammt wahrscheinlich von den Portugiesen, die als erste Europäer auf der Suche nach Kabeljau an diesen Ufern landeten: Das portugiesische Wort „farelhao", das man auf einer Landkarte fand, dürfte später Ferryland geworden sein. George Calvert, der Außenminister des britischen Königs James I, wollte die Neue Welt (also den nordamerikanischen Kontinent) besiedeln und segelte nach Newfoundland, wo er Grundstücke erworben hatte. Seine Familie nahm er gleich mit, und auch weitere Siedler begleiteten ihn. Im harten Winter Newfoundlands – niemand hat die Neuankömmlinge offenbar davor gewarnt – erkrankten viele von ihnen, und

Straße aus Kopfsteinpflaster

Solche Gärten legten die Kolonialisten an.

Die adligen Siedler besaßen deutsches Porzellan

George Calvert kehrte der Insel den Rücken. Die hier Gebliebenen begannen im Jahr 1621 unter der Leitung des ersten Gouverneurs Edward Wynne in Avalon widerstandsfähige Bauten zu erstellen. Unter den Siedlern fanden sich Berufsleute wie Schneider, Fischer, Böttcher, Steinhauer, Maurer und Schmiede. Doch verfeindete Nationen ließen Avalon nicht in Ruhe. Im Jahr 1673 zerstörten die Holländer einen Teil der Siedlung; die Franzosen zündeten die Häuser 1696 an. Die einfachen Leute kehrten nach Ferryland zurück und bauten ihre Siedlung wieder auf. Ihre Nachkommen leben teilweise immer noch in der Gegend.

Es gibt interessante historische Fakten über die Colony of Avalon. Mitte des 17. Jahrhunderts leiteten die Witwe eines adligen Landbesitzers und ihre Schwester die kleine Kolonie: Lady Sarah Kirke

Nachgebaute Küche der frühen Siedler

wurde auf diese Weise eine der ersten weiblichen Unternehmerinnen in Nordamerika. Der Landadel lebte nicht schlecht in Avalon. Davon zeugen zum Beispiel ausgegrabene Gegenstände wie reich verziertes Porzellan, das in Deutschland hergestellt wurde. Auch die Speisekarte bestand nicht nur einfach aus Fisch, sondern auch aus Geflügel und allerlei Gemüse. Unter den ausgestellten Gegenständen fällt ein metallener Ohrenkratzer als amüsantes Artefakt auf.

Auf dem Gelände befindet sich auch eine nachgebaute Siedlerküche aus dem 17. Jahrhundert. Es lohnt sich, vor einem Besuch im Museum zu erfragen, an welchen Aktivitäten man die Besucher gerade teilnehmen lässt. Das kann ein Lehrgang in der Siedlerküche oder ein kurzes Mithelfen bei einer Ausgrabung sein.

INFO

Lage: Auf der Avalon-Halbinsel, rund 80 Kilometer oder eine Fahrstunde von St. John's in südlicher Richtung. GPS-Koordinaten: 47.0228, -52.879; Colony of Avalon Foundation: The Pool Road, Ferryland

Anfahrt: In St. John's NL-2 (Pitts Memorial Drive) nehmen, Ausfahrt 3 Richtung Commenwealth Avenue. Links nach Heavy Tree Road/NL-3 South abbiegen. Nach 9,7 Kilometern wird NL-3 zu NL-10 (Southern Shore Highway). Auf dieser in südlicher Richtung bis Ferryland fahren. Links in die Colony of Avalon abbiegen.

Öffnungszeiten: 10. Juni bis 13. September, täglich 10 bis 18 Uhr; Tel. +1 7019 432 3200

Eintritt: Erwachsene 16 CAD; ermäßigte Preise für Senioren, Familien und Studenten

Unterkunft:

- Inn on Capelin Bay: 8 Meaney's Lane/Northside Road, Calvert, *innoncapelinbay.com*

Hinweis: Für Aktivitäten auf dem Gelände muss man sich frühzeitig anmelden! Die Archäologen arbeiten Montag bis Freitag.

Website: *colonyofavalon.ca*

5. Fossilien im Mistaken Point Ecological Reserve: unter Asche auf ewig bewahrt

Die Bedeutung von Mistaken Point kann nicht überschätzt werden. An der Südostküste der Avalon-Halbinsel wird man in Gruppen zu Fossilien geführt, die vor rund 565 Millionen Jahren mit Vulkanasche bedeckt und auf diese Weise bewahrt wurden. In den Küstenfelsen sind Tausende versteinerter mehrzelliger Organismen eingeschlossen. Die UNESCO ernannte Mistaken Point im Jahr 2016 zum Weltkulturerbe.

Das erste Fossil in Mistaken Point, einem Küstenvorsprung im Südosten der Avalon-Halbinsel, wurde im Jahr 1967 vom indischen Studenten und späteren Professor Shiva Balak Misra entdeckt. Es war eine Sensation – und der Beginn ausgedehnter Forschungen, die immer noch andauern. Bis heute wurden in Mistaken Point rund 6000 Fossilien gefunden. Die mysteriösen Organismen lebten auf dem Boden eines tiefen Ozeans. Sie wurden im Felsgestein erhalten, weil sie unter einer dicken Schicht von Asche begraben wurden, die von aktiven Vulkanen in der Nähe herrührte. Seit dem ersten Fund hat man hier rund 30 unterschiedliche Fossiliengattungen identifiziert. Die gefundenen mehrzelligen Organismen lebten 300 Millionen Jahre vor dem Erscheinen der Dinosaurier. Sie waren weich, ohne Muskeln, Augen, Knochen oder schützende Schalen. Die meisten waren nicht mobil, sondern im Meeresboden verankert. Die Experten sind sich immer noch nicht im Klaren, ob diese Organismen eher Pflanzen oder Tieren zuzuordnen sind – oder einer ganz neuen Existenzform.

Kurze Wanderung zu den Fossilien

Fossilien aus jener Zeit wurden auch in anderen Ländern gefunden. Aber nirgendwo sind sie so zahlreich und so leicht zugänglich wie in Mistaken Point. Und nirgendwo außer hier wurden diese faszinierenden Organismen unter Asche lebendig begraben. „Das Wandeln auf der Oberfläche von Mistaken Point ist wie das Schnorcheln über einen 565 Millionen Jahre alten Meeresboden", heißt es auf einer Informationstafel im Fossilien-Museum beim Dörfchen Portugal Cove South. In diesem Museum treffen sich örtliche Reiseführer und Besucher und fahren dann gemeinsam zur Mistaken Point Ecological Reserve. Es ist illegal, das Gebiet auf eigene Faust zu erkunden. Vom Parkplatz wandert die geführte Gruppe rund drei Kilometer der Küste entlang zum eigentlichen Fossilienstandort. Auf der Wanderung erzählt das Parkpersonal interessante Fakten über das Leben und die Natur in Mistaken Point.

Fossilien, von Vulkanasche bedeckt und bewahrt

Fundstätte an der exponierten Südwestküste

Mit Socken auf dem versteinerten Meeresboden

Am Ende des Pfades kommen ungewöhnliche, fast bizarre Felsformationen in Sicht. Dort, wo die Klippen in Terrassen gegen den Ozean abfallen, sind die Fossilien in waagerechten Felsplatten eingebettet. Eine imposantere Kulisse kann man sich kaum vorstellen. Diese Flächen darf man zum Schutz der Fossilien nur in Socken betreten, die von der Parkverwaltung zur Verfügung gestellt werden. Die einheimischen Führer verteilen Merkblätter, damit die Besucher die Fossilien identifizieren können.

Fractofusus ist zum Beispiel ein Fossil, das einem Farnblatt ähnlich sieht. Es wurde nur in Newfoundland gefunden und wird auch „Spindel" genannt. Fractofusus lag einst flach auf dem Meeresboden und entnahm dem Wasser Nährstoffe. Ein anderes Fossil sieht von der Struktur wie ein Kohlkopf aus. Wiederum andere erinnern an Eistüten oder Hundepfotenspuren. Ein Fossil namens Charnia wardi ist das älteste je entdeckte Exemplar. Es ist 575 Millionen Jahre alt. Forscher der Memorial Unversity in St. John's untersuchen die Fossilienstätten immer noch.

Einheimische Führer erklären die Fossilien

Mistaken Point erhielt übrigens seinen Namen, weil Seefahrer früher oft irrtümlich an dieser Küste landen wollten, statt nach Cape Race zu segeln, was viel sicherer war. Cape Race ist bekannt, weil ein Mann in der dortigen Funkstation 1912 den Hilferuf der sinkenden Titanic abfing. Das Wrack des Ozeanriesen wurde 1985 rund 600 Kilometer von Mistaken Point entfernt im Nordatlantik gefunden. In Cape Race befindet sich ein Leuchtturm und ein Museum.

INFO

Lage: An der südöstlichen Spitze der Avalon-Halbinsel

Anfahrt: Von St. John's aus etwa zwei Stunden mit dem Auto auf NL-10 in südlicher Richtung (Irish Loop) nach Portugal Cove South.

Aktivitäten:

- Edge of Avalon Interpretive Centre: Das sehr informative Museum befindet sich nahe NL-10 in Portugal Cove South. Dort ist auch der Treffpunkt für die geführte Mistaken-Point-Tour, die rund vier Stunden dauert (sechs Kilometer Rundwanderung). Wanderschuhe sind sehr empfohlen. Snack, Fernglas und Wasserflasche mitnehmen. Hunde sind auf der Tour nicht erlaubt. Vom Museum sind es 15 Kilometer auf der Cape Race Road (Schotterstraße) zum Parkplatz von Mistaken Point (rund 30 Minuten); 15. Mai bis 15. Oktober, täglich 10 bis 18 Uhr. Früh anmelden für die geführten Touren, da sie schnell ausgebucht sind! Tel. +1 709 438 1100, *mistakenpoint.ca*
- Der Leuchtturm von Cape Race und das Titanic Museum liegen am Ende der Schotterstraße, etwa eine halbe Stunde vom Parkplatz von Mistaken Point; *mistakenpoint.ca/explore/cape-race*

Unterkunft:

- Edge of the Avalon Inn: Empfohlen wird eine neue Suite im oberen Stockwerk mit Meersicht, weg vom Restaurant und der Eingangstür; 113 Coarse Hill Road, Trepassey, *edgeoftheavaloninn.com*

6. Witless Bay: unermüdliche Retter der Papageitaucher

In Witless Bay kamen früher jährlich Hunderte von Papageitauchern auf den Straßen um, weil sie von Scheinwerfern oder Hauslichtern angezogen wurden, die sie für den Mond hielten. Jürgen und Elfie Schau aus Berlin, die in Witless Bay ein Haus besitzen, konnten dem nicht mehr zusehen: Sie gründeten die Puffin Patrol, deren Mitglieder im Herbst Scharen von Papageitauchern vor dem Tod retten.

Es ist Nacht in Witless Bay, und Elfie und Jürgen Schau fahren die Straßen ab. Immer wieder begegnen ihnen Suchtrupps von Freiwilligen, mit Schmetterlingsnetzen, Körbchen und Taschenlampen ausgerüstet. Es sind Familien mit Kindern, junge Männer, alte Leute, Teenager mit Leuchtstreifen auf Sicherheitswesten. Jürgen fährt die Autoscheibe nach unten: „Wie läuft es bei euch?", ruft er. Alle erkennen Jürgen, der 2007 die Puffin Patrol gründete. Nach einem kurzen Gespräch setzen Elfie und er die Suche fort. Plötzlich erfassen ihre Scheinwerfer einen Papageitaucher, der mitten auf der Straße hockt. Während Elfie den Vogel mit der Taschenlampe anstrahlt, wirft Jürgen das Netz über ihn. Sie setzen den Vogel in einen Container, bis er an einem sicheren Ort in die Freiheit entlassen wird. In sieben Dörfern an der Südostküste Newfoundlands gibt es heute die Puffin Patrol.

Papageitaucher

Schau, ein ehemaliger Filmproduzent, und seine Frau, eine Kunstmalerin, fielen vor Jahren die von Autos zerquetschten Papageitaucher auf dem Asphalt auf. Jürgen entschloss sich, dem sinnlosen Massaker ein Ende zu bereiten. Er zeigte den Einheimischen, wie man die Vögel sorgsam einfängt.

Elfie und Jürgen Schau, Gründer der Puffin Patrol

Schaus Garage war viele Jahre lang das Hauptquartier für die Helfer, die von August bis Oktober abends ausschwärmen. Die flügge gewordenen Papageitaucherküken orientieren sich am Mondlicht, um den Weg von ihren Nestern auf den Ozean hinaus zu finden. Aber sie werden auch von Autoscheinwerfern und Hauslichtern angezogen und fliegen in ihr Verderben. Diese Vögel können bis zu 70 Meter tief tauchen, sind aber schlechte Flieger.

Nahe Witless Bay befindet sich die größte Kolonie von Papageitauchern in Nordamerika: Es sind über 260.000 nistende Paare. Auf fünf Kilometer entfernten Inseln im Nordatlantik, die in einem Naturschutzgebiet liegen, nisten sie auf den Klippen in Erdhöhlen, die sie mit Grashaufen abdecken. Die Weibchen legen im Mai oder Juni ein Ei, das von beiden Elternteilen ausgebrütet wird. Wenn die Küken geschlüpft sind, füttern die Eltern ihren Nachwuchs mit Fischen. Rund zwei Monate nach der Eierablage kommen die Küken im Herbst heraus, sehen den Mond und fliegen dem Licht entgegen, das indes auch von Autos und Häusern ausgeht. Die Siedlungen entlang der Küste werden immer größer, weil die Ölindustrie Leute nach New-

Warnschild in Witless Bay

Ein geretteter Papageitaucher wird beringt

foundland lockt. Neue Wohnviertel entstehen, die künstlichen Lichtquellen werden zahlreicher. Mit ihnen wächst die Zahl der toten Papageienvögel – aber neuerdings auch die Zahl jener, die gerettet werden. Die Freiwilligen bringen die Körbe zu einem Unterstand im Hafen, wo jeder gerettete Papageitaucher von Mitarbeitern des kanadischen Umweltministeriums beringt, mit einer Seriennummer versehen und gewogen wird. Die Papageitaucher gelten aber nicht als gefährdete Tierart. Die Belohnung für die Helfer ist der hautnahe Kontakt mit den Vögeln. Die Kinder dürfen deren Köpfe kraulen und ihnen einen Namen geben, damit ein persönlicher Kontakt entsteht.

Am frühen Morgen steht Jürgen Schau auf einem Strand von Witless Bay, umgeben von drei Dutzend Leuten. Sie dürfen den Papageitauchern die Freiheit zurückgeben. „Sie müssen hoch in die Luft geworfen werden, in Richtung Ozean", erklärt Jürgen Schau. Vogel

Jürgen Schau, der Gründer der Puffin Patrol

um Vogel wird unter Applaus der Schaulustigen in die Höhe befördert. Wenn das Küken zum ersten Mal ins Wasser taucht, ist das ein gutes Zeichen. Jetzt funktionieren seine Instinkte, und es kann sich vor seinen Feinden, den Möwen und Seeadlern, schützen. Der Papageitaucher bleibt jetzt auf See und kehrt erst nach vier Jahren wieder zum Paaren auf die Inseln zurück.

Inzwischen hat der kanadische Park- und Wildnisverband CPAWS die Patenschaft für die Rettungsaktion übernommen. Jürgen Schau amtet als Aufseher. Die Puffin Patrols wirken sich positiv aufs Dorfleben aus. „Die Leute reden miteinander", sagt Schau, „die Papageitaucher bringen sie zusammen."

INFO

Lage: Witless Bay ist 36 Kilometer oder etwa eine halbe Stunde von St. John's entfernt.

Anfahrt: Von St. John's auf der NL-3 und dann NL-10 in südlicher Richtung. Oder vom Trans-Canada Highway die Ausfahrt 37 zur NL-13 in östlicher Richtung nach Bay Bulls nehmen. Dann rechts abbiegen.

Aktivitäten: Folgende Anbieter haben Schiffstouren von Bay Bulls nahe Witless Bay aus zu den Vogelinseln im Naturschutzgebiet Witless Bay Ecological Reserve im Programm. Touren von Anfang Mai bis Ende September.

- O'Brien's Whale and Bird Tours: *obriensboattours.com*
- Gatheralls Puffin and Whale Tours: *gatheralls.com*

Unterkunft:
The Bread and Country Cheese Inn:
22-36 Bread and Cheese Road, Bay Bulls,
Tel. +1 709 334 3994, *breadandcheeseinn.com*

Hinweise:

- Mehr Informationen über die Papageitaucher und Spenden: *cpawsnl.org/puffinpetrelpatrol*
- Witless Bay und Bay Bulls sind auch gute Orte, um Wale und Eisberge zu sehen.

7. East Coast Trail: Geheimtipp unter den Fernwanderwegen

Der über 336 Kilometer lange East Coast Trail entlang der Südwestküste Newfoundlands ist wirklich spektakulär. Er führt zu Naturwundern, Leuchttürmen, verlassenen Siedlungen, bildhübschen Fischerdörfern, einsamen Buchten und Stränden, durch verwunschene Wälder, unberührte Wildnis und zu fantastischen Felsformationen und Klippen. Hier wird eine Auswahl von drei der insgesamt 26 Etappen geschildert.

Die Existenz des East Coast Trail ist der Begeisterung von rund 20 Freiwilligen zu verdanken, die im Jahr 1994 in harter Arbeit Teile des Weges freizulegen begannen. Unter ihnen war auch die aus Deutschland stammende Volkskundlerin Dr. Elke Dettmer, die heute in Pouch Cove eine Pension mit Frühstück betreibt.

Für die drei hier beschriebenen Teilstücke braucht man nur ein Auto statt zwei Fahrzeugen, weil man auf demselben Pfad zum Ausgangspunkt zurückkehrt.

Der Silver Mine Head Path führt von Middle Cove Beach (siehe Tipp 2), wo man das Auto parken kann, an den Dorfrand von Torbay. Auf der linken Seite findet man am Ende des Strandes

Silver Mine Head Trail mit Sicht auf Torbay

einen Wegweiser. Für die 3,8 Kilometer lange Wanderung braucht man etwa 90 Minuten (ein Weg). Der Pfad führt erst durch Baumbestand der Küste entlang. Hoch über den Klippen öffnen sich immer wieder prächtige Ausblicke auf die zum Meer abfallenden Felsen. Bitte Vorsicht vor der gähnenden Tiefe! An manchen Stellen findet Erosion statt. Die Wanderung ist nicht schwierig, an morastigen Stellen gibt es Holzstege. Über den kleinen Fluss North Pond Brook ist eine neue Brücke gebaut worden. Die Felsformationen entlang des Pfades sind phänomenal. Auf der Wiese jenseits des Flüsschens Houlihan lässt sich im Sommer herrlich ruhen, picknicken und Wale beobachten. Am Strand sieht man Ruinen einer militärischen Befestigung aus dem Zweiten Weltkrieg. Bald danach tauchen die Häuser von Torbay auf.

Bach entlang des Silver Mine Head Trails

Die zweite Wanderung zum Leuchtturm von Bay Bulls ist Teil des Spout-Pfades, der zu einem bekannten Geysir in den Küstenfelsen führt. Die Tour eignet sich für geübte Wanderer, während die Teilstrecke zum Leuchtturm nur mittelschwer ist. Für den gemächlichen Anstieg wird man mit atemberaubenden Aussichten und verblüffenden Klippenfelsen belohnt. Zuerst steigt der 3,5 Kilometer lange Pfad durch einen Wald hoch, das Terrain ist anfänglich ziemlich steinig. Sobald man dieses Teilstück nach kurzer Zeit hinter sich lässt, ist die Sicht frei auf den Nordatlantik, die Useless Bay und die ferne Küste. Auch hier helfen Holzstege über sumpfige Stellen. Imposant sind die sogenann-

Der Leuchtturm von Bay Bulls

The Pulpit auf dem Weg zum Bay-Bulls-Leuchtturm

ten „Flats", flache Felsterrassen, die fast träge zum Wasser hinuntersinken. Etwas weiter in der Wanderung trifft man auf „The Pulpit", einen freistehenden Felspfeiler zwischen den Klippen – ein unwiderstehliches Fotomotiv. Von da an gewinnt man wieder an Höhe. Die letzte Etappe fühlt sich irgendwie alpin an, mit Gras, Heidelbeerbüschen, Steinblöcken und einsamen knorrigen Bäumen. Nach etwa 90 Minuten erreicht man den weißen Leuchtturm, der auf der Anhöhe thront.

Der dritte Vorschlag ist eine nur 1,4 Kilometer lange Wanderung zur aufgegebenen Fischersiedlung La Manche, deren Attraktion eine Hängebrücke aus Holz ist. Am Anfang läuft man auf gerillten flachen Felsrücken durch den Wald, später wird es stellenweise sehr holprig, aber insgesamt ist es ein leichter Weg zu einer geschützten, zauberhaften Bucht, an der man mit Gras überwucherte Hausfundamente findet. Die 1840 entstandene Siedlung La Manche – zuletzt waren es dreizehn Häuser und eine Kirche – wurde 1966 nach einem zerstörerischen Wintersturm verlassen. Seit dem Jahr 2000 gibt es die neue Hängebrücke, ein wundervolles Bauwerk, das Wanderer sicher auf die andere Seite des Fjords führt.

Hängebrücke bei La Manche

INFO

Lage: Silver Mine Head Path: Von St. John's aus sind es etwa 20 Autominuten in nördlicher Richtung. Pfad zum Leuchtturm von Bay Bulls auf der Avalon-Halbinsel: von St. John's etwa eine halbe Autostunde in südlicher Richtung, der Pfad nach La Manche fünf Minuten weiter in derselben Richtung.

Anfahrt: Nach Middle Cove Beach, wo der Silver Mine Head Path beginnt, nimmt man den Marine Drive von St. John's aus. Nach Bay Bulls: Von St. John's auf der NL-3 und dann NL-10 in südlicher Richtung fahren. In Bay Bulls die St. John's Road nehmen, nach einem halben Kilometer die Northside Road, der man 2,5 Kilometer folgt und die dann zu einer unbefestigten Straße wird. Darauf fährt man weiter bis zum Holy Trinity Cemetary, wo man den Wagen parken kann. In der Nähe des Friedhofs ist der Wegweiser sichtbar. Nach La Manche fährt man auf NL-10 in südlicher Richtung, dann links abbiegen, wo ein Schild „La Manche" erscheint (etwa ein Kilometer nach dem Schild zum La Manche Provincial Park). Die unbefestigte Straße endet nach etwa drei Kilometern bei einem Wegweiser, wo es Platz für das Auto gibt.

Aktivitäten:

- Im La Manche Provincial Park (Abzweigung vor der Erdstraße nach La Manche) gibt es eine Schwimmgelegenheit.
- Wer sich für weitere militärische Befestigungsruinen in Torbay interessiert: *hiddennewfoundland.ca/red-cliff-radar-station*
- Von der Hängebrücke in La Manche kann man 800 Meter weiterwandern und in eine hübsche Bucht, Doctor's Cove, hinuntersteigen.

Unterkünfte:

- Park Avenue Suites: 12 Park Avenue, Mount Pearl (nahe St. John's), *parkavenuesuites.ca*
- Whalehouse Guest House: 6 Lower Road, Mobile (nahe La Manche), Tel. +1 709 702 0313, *whalehouse.ca*
- Camping im La Manche Provincial Park: *parksnl.ca/parks/la-manche-provincial-park*

8. Brigus: goldenes Zeitalter für Unternehmer und Entdecker

Das romantische Dörfchen Brigus ist geschichtlich interessant. Hier hat der legendäre Polarkapitän Robert Bartlett gelebt. Sein Elternhaus ist heute ein Museum. Brigus war einst auch ein vielbesuchter Fischerhafen, dessen Bedeutung vielen Bürgern zu Wohlstand verhalf. Im Hafen ließ einer der reichen Kapitäne, ein Vorfahre Bartletts, einen Tunnel in die Felsen sprengen, den es heute noch gibt.

Hawthorne Cottage, Heim von Robert Bartlett

Alle, die das Buch „Packeis" von Jennifer Niven oder „The Last Voyage of the Karluk" von William Laird McKinley oder „The Karluk's Last Voyage" von Robert Bartlett gelesen haben, werden Brigus ganz ehrfürchtig besuchen. Hawthorne Cottage war das Heim von Captain Bartlett (1875 bis 1946), der unter anderem den Amerikaner Robert Peary 1906 und 1909 auf der Suche nach dem Nordpol begleitete. Bartlett war ein erfahrener, abgehärteter, mutiger Kapitän, der während 20 Jahren mit seinem Schiff wissenschaftliche Expeditionen in die Arktis unternahm und immer wieder mit der gesamten Schiffsmannschaft zurückkehrte. Nur die Karluk-Expedition endete in einer Tragödie, aber das war nicht Bartletts Schuld. Mit dem kanadischen Forscher Vilhamaljur Stefansson, der ihn als Kapitän des Schiffes „Karluk" anstellte, war er für die Erforschung der Nordwestpassage unterwegs, ein von Kanadas Regierung finanziertes Projekt. Die „Karluk" wurde im August 1913 im Eis eingeschlossen und schließlich im Januar 1914 zerquetscht. Während Stefansson und seine Begleiter auf Jagd gingen und das Schiff nicht mehr fanden, führte der damals 36-jährige Bartlett die Mannschaft übers Eis auf die Wrangel-Insel, wo sie mithilfe einer sie begleitenden Inuitgruppe zu überleben versuchten. Insgesamt kamen elf Menschen um. Bartlett und ein Inuk namens Kataktovik trekkten rund 1100 Kilometer übers Eis und der sibirischen Küste entlang, um Hilfe zu holen. Im September 1914 wurden die vierzehn Überlebenden dank Bartlett und Kataktovik gerettet. Seither wird der Newfoundlander Kapitän als Held gefeiert.

Robert Bartlett, berühmter Arktiskapitän

Hawthorne Cottage, das 1830 gebaut wurde, ist heute ein von Parks Canada verwaltetes Museum. Man kann das Zimmer sehen, wo Bartlett während seiner Besuche im Elternhaus übernachtete. Zu seinen Arktisreisen findet man hier allerdings nicht viel vor. Interessant ist die Fotogalerie im Wohnzimmer. Darunter befindet sich ein von Theodore Roosevelt signiertes Porträt mit der Widmung „von seinem Freund". Bartlett hatte eines seiner Schiffe nach dem einstigen US-Präsidenten benannt. Insgesamt ist das Haus ein Einblick in die Lebensweise und Möblierung zu jener Zeit.

Alter Tunnel für das Löschen der Schiffsladung

Ein anderes Mitglied der Bartlett-Familie ließ 1860 Felsen am Hafen für einen Tunnel sprengen: Abram Bartlett wollte einen besseren Ankerplatz für seine Dampfschiffe, die tiefes Wasser brauchten, und um deren Ladung schneller zu löschen. Der 24 Meter lange Tunnel, den er zu diesem Zweck in vier Monaten bauen ließ, ist bis heute erhalten. Informationen und Bilder zu solchen Ereignissen findet man im kleinen John N. Leaman Stone Barn Museum.

Brigus wirkt heute idyllisch, aber das Dorf war im 19. Jahrhundert ein wichtiger Umschlagplatz für Robben und Fische. Im Hafen lagen damals oft Dutzende von Schiffen. Der Handel brachte Brigus Wohlstand. Robert Bartlett nannte es „Das goldene Zeitalter“: Es gab keine Arbeitslosen, dafür gutgestellte Familien mit zehn Kindern, überall herrschte Zuversicht. Der erste in Newfoundland gebaute Schoner stach 1819 von Brigus aus in See.

Mit der Einführung von Dampfschiffen für die Robbenjagd begann der Niedergang des Dorfes. Die Fischer von Brigus fuhren mit ihren Schiffen an die Küste von Labrador und fingen dort Kabel-

Hafen von Brigus

jau, bis auch diese Fischerei im 20. Jahrhundert ein Ende nahm. Man kann aber bei einem Spaziergang durch die lauschigen Sträßchen noch stattliche Gebäude aus den glorreichen Tagen sehen wie Hawthorne Cottage, The Convent of Mercy (ein Kloster), die Orange Lodge oder die 1876 erbaute St. George´s-Kirche, auf deren Friedhof noch sehr alte Grabsteine stehen.

INFO

Lage: Brigus liegt auf der Avalon-Halbinsel, von St. John's sind es rund 80 Kilometer in westlicher Richtung (etwa eine Fahrstunde).

Anfahrt: Von St. John's auf der NF-60, an der Brigus liegt. Von Deer Lake auf dem Trans-Canada Highway. Ausfahrt links beim Schild „Harbour Grace/Bay Roberts/Carbonair", dann unter der Überführung durch, beim Schild „Roaches Line" rechts abzweigen. Ein Straßenschild „Brigus" erscheint.

Aktivitäten:

- Hawthorne Cottage National Historic Site: 1. Juni bis 31. August, täglich 10 bis 18 Uhr; *pc.gc.ca/en/lhn-nhs/nl/hawthorne*
- John N. Leaman Stone Barn Museum: 1. Juni bis Anfang September; Eintritt frei, Spende willkommen; *historicplaces.ca/en/rep-reg/place-lieu.aspx?id=1671*
- Ein schöner 5,8 Kilometer langer, teilweise steiler Wanderweg (kein Rundweg) führt zum Leuchtturm von Brigus. Er beginnt in der Nähe des Historic Kent Cottage. Man kann auf dem Weg auf Kühe treffen.
- Hilfreiche Straßenkarten unter *brigus.net*

Unterkünfte:

- The Fry House: 8 Magistrate's Hill, Brigus, Tel. +1 709 6850837, Auf AirBnB unter „Ultra Comfort in Brigus".
- The Convent in Brigus Bed and Breakfast, Tel. +1 709 528 6232

PIER 11
094173

Die Halbinseln Burin und Bonavista

Fischerschuppen in Champney's West

Die Halbinseln Burin und Bonavista

9. Burin Peninsula: Glanz und Unglück der Schifffahrt
10. Elliston: die Kunst der kühlen Keller
11. Robbenjäger-Museum in Elliston: hartes Schicksal für Mensch und Tier
12. Staunen am Saum des Nordatlantiks: Klondike-, Fox Island- und Skerwink-Pfad
13. Port Union: eine von Gewerkschaften gebaute Vision für die Fischer

Bishop's Falls
Glenwood
Appleton
Grand Falls-Windsor
Gander
Trinity Bonavista Bay
Wareham-Centreville
Hare Bay
Gambo
11
10
Glovertown
Salvage
Bonavista
Eastport
Duntara
13
Plate Cove West
12
Port Union
Musgravetown
Port Rexton
Newfoundland
Port Blandford
NEWFOUNDLAND
1
Clarenville
Burgoynes Cove
Little Heart's Ease
Milltown
St Alban's
North Harbour Placentia Bay
Arnold's Cove
Terrenceville
Hermitage
Bay L'argent
Baine Harbour
Red Harbour
Garnish
Grand Bank
Grand Beach
Marystown
Winterland
Fortune
9
Burin
St. Lawrence

9. Burin Peninsula: Glanz und Unglück der Schifffahrt

Die meisten Touristen durchfahren die Halbinsel Burin auf dem Weg zu den Inseln St. Pierre et Miquelon, einer französischen Enklave in Kanada, die vor der Südostküste Newfoundlands liegt. Es lohnt sich aber, vorher in den kleinen fotogenen Dörfern Halt zu machen und ihre interessante Vergangenheit zu entdecken.

Bei Clarenville biegt man auf die Halbinsel Burin ein. Die Straße durchschneidet eine weitläufige karge Landschaft mit kleinen Seen. Das erste Ziel ist das Fischerdorf Grand Bank, wo sich ab 1640 französische Fischer niederließen. Aber als Frankreich im Jahr 1714 den Anspruch auf Newfoundland aufgab, mussten die französischen Bürger nach Cape Breton in Nova Scotia umsiedeln. Später erhielten sie die Inseln St. Pierre et Miquelon zurück.

In Grand Bank fallen sofort die schönen restaurierten Häuser auf, zum Beispiel das Thorndyke-Haus, das 1918 mit einer großzügigen Veranda gebaut wurde und heute eine Pension mit Frühstück ist.

Tundra

Thorndyke House

Auf dem Dach sieht man den „Widow's Walk", einen Balkon mit Balustrade. Früher standen die Ehefrauen der Kapitäne da oben und suchten den Horizont nach Schiffsflaggen ab. Das George C. Harris-Haus aus dem Jahr 1908 beherbergt ein kleines Museum über die Zeit der Schoner und Gegenstände aus der Pionierzeit. In der Nähe findet man das Mariners Memorial, ein Denkmal für verstorbene Seeleute. In Grand Bank steht auch ein modernes Gebäude in der Form von Segeln, das Provincial Seamen's Museum, ein Ableger des bekannten Museums The Rooms in St. John's. Die hohen Hallen sind gefüllt mit restaurierten alten Fischerbooten und allerlei Schiffsausrüstung, Schlitten und einstigen Gebrauchsobjekten.

Spuren eines jüngeren historischen Ereignisses findet man im ehemaligen Minendorf St. Lawrence. Dort liefen zwei US-Kriegsschiffe am 18. Februar 1942 in einem Sturm auf Grund. Beide Zerstörer sanken, über 200 US-Soldaten kamen um. 186 Besatzungsmitglieder überlebten, vor allem dank der Hilfe der Newfoundlander. Einer der Soldaten war der schwarze Amerikaner Lanier Phillipps. Bewohner von St. Lawrence trugen ihn in ein Haus und gaben ihm ein heißes Bad. Bis zu seinem Tod im Jahr 2012 erzählte Phillipps, wie ihn die Newfoundlander Frauen tüchtig schrubbten, weil sie dachten, er habe seine schwarze Hautfarbe vom Schiffsöl! Will man den Ort sehen, wo

Provincial Seamen's Museum

Wandersteg im Hafen von Burin

die Schiffe sanken, läuft man zweieinhalb Kilometer zur Küste nach Chamber Cove. Einige gerettete Gegenstände aus den Schiffen sind im Miner's Memorial Museum zu sehen. Ein schönes Fotomotiv ist der alte Friedhof gegenüber dem Minenmuseum.

Einst war St. Lawrence ein Fischerdorf, aber dann brach der Markt für getrocknete Salzfische zusammen. In der Gegend gab es aber große Vorkommen von Flussspat (Fluorkalzium), die das Minenunternehmen eines amerikanischen Geschäftsmannes ab den 1930er-Jahren ausbeutete. Wegen der miserablen Arbeitsbedingungen starben viele Männer. Im Jahr 1978 wurden alle Minen geschlossen. Heute können Naturfreunde auf den ehemaligen Zufahrtswegen zu den Minen 16 Kilometer weit wandern.

Bucht in Burin

Um den Fußstapfen des englischen Entdeckers James Cook (1728 bis 1779) zu folgen, muss man zum pittoresken Dorf Burin fahren. Cook, der die Küsten Newfoundlands erforschte und Landkarten davon anfertigte, ging in Burin an Land. Von einem felsigen Hügel soll er nach Schmugglern und Freibeutern Ausschau gehalten haben. Ein Wanderpfad, Cook's Lookout Trail, führt zu diesem Aussichtspunkt, von dem man eine fantastische Rundsicht hat. In Burin windet sich die Straße von einer verträumten Bucht zur andern. Im Hafen lädt ein Holzsteg zum Wandeln über dem Wasser ein. An bunten Verkaufsständen werden im Sommer frische Fische, Meeresfrüchte und Kunsthandwerk angeboten.

INFO

Lage: Von St. John's nach Clarenville sind es 190 Kilometer oder rund zwei Stunden auf dem Trans-Canada Highway in westlicher Richtung. Von dort sind es etwa 226 Kilometer nach Grand Bank.

Anfahrt: Bei Clarenville vom Trans-Canada Highway (Ausfahrt „Goobies Junction") auf NL-210 einbiegen.

Aktivitäten:

- Provincial Seamen's Museum: Mai bis September Montag bis Samstag 9 bis 16:30 Uhr; 54 Marine Drive, Grand Bank, Tel. +1 709 832 14 84, *therooms.ca/our-locations/provincial-seamens-museum-grand-bank*
- Miner's Memorial Museum: 1. Juni bis 1. September Montag bis Freitag 8:30 bis 16:30 Uhr, Juli/August täglich; Erwachsene 7 CAD; NL-220, St. Lawrence, Tel. +1 709 873 6160, *stlawrencemuseum.wixsite.com/town*
- Cook's Lookout Trail: sechs Kilometer langer mittelschwerer Rundweg. Parkmöglichkeit am Ende von Penny's Pond Road.

Unterkunft:

- Grand Fairway Resort: sechs rustikale, aber gut ausgestattete Chalets mit je zwei Schlafzimmern; 1 Main Street, Frenchman's Cove, Tel. +1 866 826 2400, *grandfairwaysresort.ca*

10. ELLISTON: DIE KUNST DER KÜHLEN KELLER

Das ehemalige Fischerdorf Elliston steht im Schatten des Touristenlieblings Trinity – zu unrecht. In Elliston sind über 100 Erdkeller aus der Vor-Kühlschrank-Zeit erhalten. Das Dorf nennt sich stolz „Root Cellar Capital of the World". Ein Keller aus dem Jahr 1839 ist im nahen Weiler Maberly immer noch im Einsatz.

Als ich einen Einheimischen in Elliston nach den unterirdischen Gemüsekellern fragte, antwortete er schmunzelnd: „Die sind hier überall, die kann man eigentlich nicht übersehen." Als ich genauer hinschaute, entdeckte ich sie an jeder Ecke dieses kleinen Dorfes. Sie schmiegen sich unauffällig in die Landschaft: Ihre Gewölbe

In den Hügel gebauter Erdkeller

sind grasüberwachsen, die Vorderseite aus groben Steinen errichtet, eine verwitterte Holztür dient als Eingang. Manche dieser unterirdischen Erdkeller sind mehr als 200 Jahre alt. Einige werden noch heute für die Lagerung von Kartoffeln und anderem

Erdkeller in Maberly

Gemüse benutzt. Viele der Erdkeller wurden in eine Hügelflanke hineingebaut, weil das am einfachsten war. Manchmal schaufelte man eine Grube im Boden. Die Wände bestehen meistens aus Steinen und Mörtel, die Decke aus Holzplanken und einer Schicht Erde und Gras. Wer das Innere erforschen will, sollte vorsichtig sein. Oft ist der Vorratsraum nach oben offen, und wer nicht aufpasst, kann leicht in eine tiefe Grube stürzen. Die meisten Erdkeller sind auf privaten Grundstücken zu finden, aber nach meinen Erfahrungen haben die Eigentümer nichts dagegen, wenn man fotografieren will.

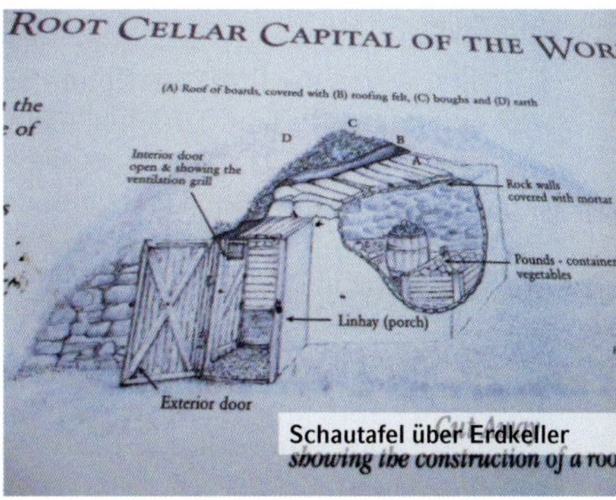

Schautafel über Erdkeller

In Elliston ist man stolz auf die Ansammlung von Erdkellern. Man sieht sie zwar auch in anderen Gegenden

Eingang zum Erdkeller

Newfoundlands, aber nicht so gehäuft wie hier. Es ist noch nicht lange her, seit die Leute in Elliston realisierten, dass ihre Erdkeller – offiziell sind es 133 – etwas ganz Besonderes sind. Im Juli 2011 erklärten die Verantwortlichen deshalb ihr Dorf zur „Root Cellar Capital of the World". Das klingt zwar etwas bombastisch, aber für Besucher sind diese Vorratskeller in Elliston eine interessante Reise in Newfoundlands Vergangenheit. In solchen Kellern überstanden Gemüse wie Kartoffeln, Steckrüben, Rote Beete und Karotten den Winter, ohne zu erfrieren. Fast alle Familien besaßen in jenen Zeiten einen Gemüsegarten. Im Sommer wurden die Nahrungsmittel kühl gehalten, dazu gehörten auch gesalzene Fische wie Steinbutt und Hering, gepökeltes Fleisch und hausgemachte Beerenmarmelade. Als es in Elliston noch keine Kühlschränke gab, lagerten die Dorfbewohner auch Wasser, Butter, Brot, Milch und Sahne tief in der Erde, und an vielen Tagen stellten sie Esswaren wie Salate, frisches Fleisch und Kuchen hinein, bis man sie zur Mahlzeit brauchte.

Früher waren die Erdkeller für die Siedler entlang der wilden Küste Newfoundlands eine Überlebensfrage. Im Dorfkern von Elliston gab es erst ums Jahr 1920 herum Strom, im nahen Weiler Maberly dauerte es für die Einführung der Elektrizität bis in die 1960er-Jahre. Dieser Fortschritt machte die Erdkeller indes nicht überflüssig: Noch in den 1950er-Jahren wurden neue gebaut. Der älteste Gemüsekeller geht ins Jahr 1839 zurück, und man kennt bis heute den Namen des damaligen Eigentümers George Porter.

Um Ellistons Gemüsekeller ranken sich auch Legenden. Den Kindern erzählte man vor Generationen, dass die neugeborenen

Erdkeller

Babys aus den Erdkellern kommen. Anderen Legenden zufolge sollen tief im Boden Geister gehaust haben. Vielleicht wollte man unerwünschte Besucher fernhalten, denn manche Einheimischen benutzten die Keller, um hausgemachten Alkohol zu brauen.

INFO

Lage: Elliston liegt auf der Halbinsel Bonavista, rund drei Stunden von St. John's entfernt.

Anfahrt: Vom Trans-Canada-Highway auf NL-230 einbiegen. Kurz vor Bonavista auf NL-238 abzweigen.

Aktivitäten: Die Besichtigung der Erdkeller ist kostenlos

Unterkünfte:

- Mountain Ridge Cabins: 55 Catalina Road, Elliston, Tel. +1 709 468 4764
- Weitere Unterkünfte in Trinity oder Bonavista und Umgebung.

11. Robbenjäger-Museum in Elliston: hartes Schicksal für Mensch und Tier

Die Robbenjagd ist ein wichtiger Teil von Newfoundlands Geschichte. Das John C. Crosbie Sealers Interpretation Centre in Elliston hinterlässt einen tiefen Eindruck. Die Jagd auf Robben ist in Europa umstritten. Das Museum zeigt die grausame Wirklichkeit der bitterarmen Männer, die einst von großen Schiffen und reichen Kapitänen mitten im Packeis ausgeladen wurden. Hunderte von ihnen haben es nicht überlebt.

Wer die historischen Fotos und Zeugnisse von Überlebenden im Museum sieht, beginnt zu verstehen, welcher Brutalität – durch geldgierige Händler oder abrupte Wetterwechsel – diese Männer ausgesetzt waren. Die Robbenjagd war erbarmungslos für Mensch und Tier. In einem unerbittlichen Klima und unter lebensgefährlichen Bedingungen erlegten die unzureichend gekleideten und

Robbenjäger-Museum

schlecht ernährten Jäger die Robben und schleppten sie teils über offene Wasserrinnen zum Schiff. Manche Männer und Jungen fielen in den eisigen Nordatlantik oder erreichten das Schiff im Nebel oder Sturm nie. Viele erfroren.

Robbenjäger-Museum

Im Jahr 1914 fanden insgesamt 251 Männer ein schreckliches Ende auf dem Eis. Den Toten ist ein Denkmal hoch über den Klippen von Elliston gewidmet. Die Namen der Opfer sind eingraviert, das jüngste war erst 15 Jahre alt.

Im März 1914 fuhr das Dampfschiff „SS Newfoundland" von St. John's auf den Nordatlantik hinaus. Sein Kapitän war Westbury Kean. Dessen Vater Abram Kean begleitete ihn auf dem Schiff „SS Stephano". Im Packeis blieb die kleinere „SS Newfoundland" stecken, während das größere Schiff des Vaters einige Kilometer entfernt eine Herde Robben entdeckte und anhielt. Kean Junior schickte morgens um 7 Uhr 166 Robbenjäger aufs Eis, im Glauben, sie würden nach der Jagd auf dem Schiff des Vaters übernachten. Als ein Sturm aufkam, kehrten einige von ihnen drei Stunden später zu ihrem Mutterschiff zurück. Die anderen erreichten die „SS Stephano", wo sie Tee und hartes Brot erhielten. Aber Kapitän Abram Kean befahl den Männern, trotz heftiger Schneefälle 1500 Robben zu erlegen und dann zur „SS Newfoundland" zurückzulaufen. Im Sturm konnten die 132 Männer jedoch das Schiff nicht sehen. Sie mussten die Jagd bald aufgeben und trekkten in knietiefen Schneewehen und über wacklige Eisschollen, bis es dunkel wurde. Während der Nacht erfroren viele der Männer. Andere konnten kaum mehr laufen. Sie mussten den nächsten Tag und eine weitere Nacht in der eisigen Hölle ausharren. Immer wieder fielen Männer ins Wasser und ertranken. Da wegen mangelhafter Ausrüstung keine Kommunikation zwischen den Schiffen möglich war, dachten beide Kapitäne, dass die Männer sicher an Bord des anderen Schiffes seien. Als Kapitän Westbury Kean endlich am Morgen des 2. April eine jämmerliche Schar Männer auf sein Schiff zustolpern sah, war es für viele zu spät. Andere verloren Gliedmaßen und konnten nie wieder arbeiten. Nachdem sich im selben Jahr weiter südlich eine ähnliche Tragödie ereignet hatte – ein Schiff mit 173 Robbenjägern sank – , verbesserte die Regierung endlich die Vorschriften für die Robbenjagd.

Robbenjäger-Monument in Elliston

Im Museum kann man lesen, welche Bedeutung dieser Industriezweig für die Provinz hatte: Im Jahr 1844 wurden demnach rund 700.000 Robben erlegt. Das machte über ein Drittel von Newfoundlands gesamter Exportwirtschaft aus und war ein beträchtlicher Teil des Einkommens der Fischer. Die Letzteren indes blieben in der Mehrheit arm, während eine Oberschicht dadurch Reichtum erlangte. Unter den im Museum ausgestellten Zeugenaussagen findet man erschütternde Stimmen wie die eines jungen Fischers, der hofft, dank der Robbenjagd seiner Mutter endlich ein neues Kleid kaufen zu können.

Im Museum erfährt man auch, dass die Sattelrobbe in Newfoundland am häufigsten vorkommt. Die Mützenrobbe lebt ebenfalls in Newfoundlander Gewässern. Im Norden Labradors jagen die Inuit die Ringelrobbe. Heute hat die Robbenjagd ihre einstige Bedeutung verloren, vor allem wegen der Einfuhrsperre für Robbenprodukte in der Europäischen Union und den USA. In Newfoundland wird die Haut zu Schuhen, Kleidern und Taschen verarbeitet. Auch

Robbenjäger-Monument in Elliston

das Fleisch wird gegessen. Robbenflossen gelten als Delikatesse. Der „Flipper Pie“ ist eine Pastete mit Sattelrobbenfleisch: Die Flossen werden mit Gemüse in einer dicken Soße gegart und dann mit Teig überbacken.

INFO

Lage: Elliston ist 110 Kilometer von Clarenville entfernt. Von Clarenville sind es zwei Fahrstunden nach St. John’s; John C. Crosbie Sealers Interpretation Centre: 57-61 Main Street

Anfahrt: Das Museum befindet sich mitten im Dorf Elliston. Man nimmt die Ausfahrt 26 auf dem Trans-Canada Highway und fährt auf der NL-230 N rund 90 Kilometer, dann rechts abzweigen und 5,6 Kilometer auf NL-238 fahren.

Öffnungszeiten: Letzte Maiwoche bis Ende Oktober, täglich 9 bis 17 Uhr, die restlichen Monate auf Vereinbarung; Tel. +1 709 476 3003

Eintritt: Erwachsene 7 CAD

Website: *homefromthesea.ca*

12. STAUNEN AM SAUM DES NORDATLANTIKS: KLONDIKE-, FOX ISLAND- UND SKERWINK-PFAD

Der beliebteste Wanderweg auf der Bonavista-Halbinsel ist der Skerwink Trail. Den sollte man wirklich nicht verpassen, aber an manchen Sommertagen kann er überlaufen sein. In der näheren Umgebung gibt es zwei weitere, weniger bekannte Wanderungen mit fantastischen Ausblicken, die man so schnell nicht vergessen wird.

Der Klondike Trail ist eine 6,3 Kilometer lange (hin und zurück), eher leichte Wanderung und beginnt im Dorf Elliston. Früher wurde der Pfad für von Pferden gezogene Wagen genutzt; er führte von Elliston über die Bucht Spillars Cove bis nach Bona-

Sea Stack-Küstenpfeiler- in Spillars Cove

vista. Später ging hier eine längst stillgelegte Bahnlinie durch. Den Einstieg zum Wanderweg findet man bei einem Haus an der Main Street North. Dort findet sich auch Platz für etwa drei geparkte Autos. Ein breiter Weg führt erst durch niedriges Gebüsch auf eine

Fox Island mit Landbrücke

kleine Anhöhe. Von hier öffnet sich plötzlich der Blick auf die imposanten Küstenformationen. Durch eine Heidelandschaft geht es zu den tief abfallenden Klippen hinunter.

Hier gibt es immer wieder Gelegenheit für eindrückliche Fotos, aber auch, um Wale und Meeresvögel wie Papageitaucher zu sehen. Interessant sind die allein stehenden Küstenpfeiler („Sea Stacks"), die wie steinerne Nadeln aus dem Wasser ragen. Diese Felstürme entstehen durch stetige Wind- und Wellenerosion während Tausenden oder manchmal Millionen von Jahren. Für solche, die Nervenkitzel suchen, lohnt sich ein Blick vom Klippenrand in die Tiefen, wo sich die Wellen brechen. Aber Vorsicht ist geboten!

Der Fox Island Trail ist ein 7,1 Kilometer langer, abwechslungsreicher Rundweg. Er ist meist leicht zu begehen und durchquert gegen Ende das pittoreske Fischerdörfchen Champney's West. Man fährt nach Port Rexton und biegt dann bei einem Schild, das den Trail anzeigt, zum Ausgangspunkt, wo es genügend Parkplätze gibt. Der Pfad verläuft am Anfang hoch über den Klippen und durch Wiesen, wo es früher auch Gemüsegärten gab. Im Gegensatz zu den beiden anderen Wanderwegen kommt man hier ganz nah zum Wasser hinunter. Schon vorher hat man Sicht auf Fox Island, die technisch gesehen keine Insel ist, weil sie eine Landbrücke mit der Küste verbindet. Der Sandstrand dieser Landbrücke eignet sich gut für einen Picknick. Wer nicht gut zu Fuß ist, sollte den steilen Anstieg auf den Rücken von Fox Island nicht

Aussicht vom Skerwink Trail

wagen, auch wenn der Pfad mit einem Seil gesichert ist. Für trittfeste Wanderer bietet sich jedoch oben eine tolle Panoramasicht auf die Siedlungen von Port Rexton, Trinity Harbour und Champney's West. Dann geht es wieder zurück über die Landbrücke, aber der Weg biegt nun ab Richtung Champney´s West. Die ockerroten Schuppen der Fischer am Hafen und ihre weißen offenen Boote sind ein Augenschmaus. Auch der Rest des kleinen Dorfes mit den buntbemalten Häusern ist hübsch anzusehen. Von hier ist es nicht mehr weit bis zum Ausgangspunkt des Pfades.

Erodierte Küstenfelsen auf dem Skerwink Trail

Der 5,3 Kilometer lange Skerwink Trail ist ein sehr populärer Wanderweg, aber für die meisten Besucher aus dem Ausland immer noch neu. Er beginnt in Port Rexton/Trinity East (bei der Church Road, wenn man von der Straße her kommt). Er ist exponierter und anspruchsvoller als die beiden anderen Routen, aber mit Treppen und Holzplanken verstärkt. Auf ihm bewegt man sich von einem spektakulären Aussichtspunkt zum andern. Wer nicht schwindelfrei ist, sollte den Blick in die Buchten und die Brandung vermeiden und eine angezeigte Abkürzung nehmen (Inland Trail). Der Pfad fängt zuerst ganz harmlos auf einem ehemaligen Bahntrasse an. Später windet er sich den Klippen entlang, durch ein Waldstück, auf einen Hügel, zu einem Strand hinunter und zu einem Teich. Einige Bänke laden zum Ausruhen ein. Auf dem letzten Drittel hat man einen tollen Blick auf Trinity Harbour und Fort Point, wo eine Festung der Engländer stand, die 1762 von den Franzosen zerstört wurde.

INFO

Lage: Port Rexton ist ungefähr 70 Kilometer von Clarenville entfernt. Von Clarenville sind es zwei Fahrstunden nach St. John's.

Anfahrt: Nach Clarenville vom Trans-Canada-Highway auf die NL-230 einbiegen und bis Port Rexton fahren.

Aktivitäten: West Aquarium in Champney's West; Tel. +1 709 691 7901 oder +1 709 464 2173, *champneyswest.ca/aquarium-initiative*

Unterkunft:

- Island View Cabin: Chalet mit zwei Schlafzimmern und schöner Aussicht; 17 Farm Road, Elliston, Tel. +1 709 468 1422, *facebook.com/islandviewcabin2008*

Hinweise:

- Für diese Wanderungen ist gutes Schuhwerk wichtig; auf nassen Felsen ist es rutschig.
- Manchmal muss man mit starkem Wind rechnen, vor allem auf dem Fox Island Trail. Bei Eis und Schnee fernbleiben.
- Es gibt weder Trinkwasser noch Toiletten auf den Wanderwegen.

Websites:

- *newfoundlandlabrador.com/plan-and-book/attractions/11146293*
- *hikediscovery.com/klondike.html*

13. Port Union: eine von Gewerkschaften gebaute Vision für die Fischer

Port Union ist das einzige von Gewerkschaften erbaute Städtchen in ganz Nordamerika. Die Siedlung entstand ums Jahr 1917 für den Nutzen und Schutz der Fischer. Sie verblasste aber nach dem Zweiten Weltkrieg. Heute erstrahlen die renovierten Gebäude dank Regierungszuschüssen wieder im alten Glanz. Die tiefroten Fassaden zeugen von einem einmaligen historischen Experiment. Port Union hatte noch vor New York elektrische Beleuchtung.

Wer Port Union besucht, ist gut beraten, sich vorher mit der spannenden Geschichte dieses Ortes etwas vertraut zu machen. Hinter der Entstehung dieser Siedlung stand der sozial denkende Visionär Sir William Coaker. Ihn berührte das harte Leben der einfachen Fischer in Newfoundland so sehr, dass er sie vor der Ausbeutung durch skrupellose Händler schützen wollte. Die Fischer mussten Alltagsgüter zu überhöhten Preisen von den reichen

Das Haus von Visionär William F. Cocker

Historische Reihenhäuser für Fischer in Port Union

Händlern kaufen. Ihre Ausgaben für Esswaren, Kleider und Werkzeuge wurden ihnen vom Geld aus dem Verkauf der Fische abgezogen. Dieses System sorgte dafür, dass die Fischer immer bei den Händlern verschuldet waren.

William Coaker war der Vorsitzende der Fishermen's Protective Union, FPU. Im Jahr 1914 zählte die FPU über 21.000 Mitglieder – etwa die Hälfte aller Fischer in Newfoundland. Coaker gründete Port Union; die Siedlung wurde von der Gewerkschaft eigens für die Fischer und ihre Familien gebaut. Reihenhäuser entstanden, aber auch eine Druckerei der Gewerkschaftszeitung, eine Holzverarbeitungsanlage, eine Schiffswerft und Salzfischfabrik und ein Großhandelsladen, der 40 andere Läden in der Umgebung belieferte. In Port Union gab es auch ein Hotel, eine Getränkefabrik, eine einspurige Frachtbahn und einen Debattierclub.

Port Union lag an einem Tiefseehafen an der Bucht von Trinity, wo in Spitzenzeiten bis zu 26 Schoner ankerten. Im Jahr 1921 lebten rund 520 Menschen hier.

Port Union war seiner Zeit voraus. Das Städtchen hatte Strom und elektrisches Licht, bevor New York damit beleuchtet war. Es gab eine Schule, ein Kino und ein Kraftwerk. Die Gewerkschaftszeitung „The Fishermen's Advocate" wurde hier herausgegeben. Coaker und seine Gewerkschaft wollten das Trockenfisch-Monopol der Händler brechen. Das war revolutionär für Newfoundland. In den 1930er-Jahren, als es dem Rest des Landes wirtschaftlich schlecht ging, war in Port Union niemand arbeitslos.

Als sich im Laufe der Jahrzehnte die sozialen und politischen Verhältnisse in Newfoundland änderten, schwand der Einfluss der Gewerkschaft. Zum Wandel trug auch der Niedergang der Kabeljaufischerei Anfang der 1990er-Jahre bei. Viele der Bauten waren damals in einem schlechten und reparaturbedürftigen Zustand. Doch die gebündelten Anstrengungen haben Port Union zumindest als historische Sehenswürdigkeit gerettet. Die Regierungen Kanadas und der Provinz Newfoundland und Labrador haben, zusammen mit Zuschüssen einer Stiftung, die Restaurierung von Port Union ermöglicht.

Topf, um alte Fischernetze in Barkenteer zu kochen

Die historische Siedlung ist nicht groß, sie besteht aus einer schmalen Straße und Gebäuden auf beiden Seiten. Man kann eine geführte Tour der ehemaligen Fabrik und des Hauses von William Cocker machen. Vor Ort lernt man auch Interessantes über die Fischerei. Früher wurden Seile für Fischernetze aus Baumwolle gefertigt. Die Netze mussten in kochendem Teer, der aus Baumrinde gewonnen wurde, gelegt werden, um sie wasserresistent zu machen. Man sieht heute noch so einen Topf in Port Union.

Seit 2005 ist Port Union Teil der Gemeinde Trinity Bay North und seit 1999 eine National Historic Site of Canada.

INFO

Lage: Port Union liegt auf der Bonavista-Halbinsel, die man in rund 3,5 Stunden in westlicher Richtung von St. John's aus erreicht.

Anfahrt: Vom Trans-Canada-Highway bei Clarenville die NL-230 nehmen. Kurz nach Trinity Bay North nach Port Union abzweigen.

Aktivitäten:

- Interpretation Centre und die ehemalige Druckerei: Mitte Juni bis Ende Oktober Montag bis Samstag 9 bis 15 Uhr; Erwachsene 7 CAD, 67 Main Street, Port Union; *historicportunion.com/en/index.html*
- Port Union Historical Museum: Mitte Juni bis Ende Oktober Montag bis Samstag 9 bis 17 Uhr, mit einer Pause von 12 bis 13 Uhr; Erwachsene 2 CAD
- Ehemaliges Haus von William Coaker: 2. Juni bis 1. September Mittwoch bis Sonntag 9:30 bis 17:30 Uhr, mit einer Pause von 12 bis 13 Uhr; Erwachsene 5 CAD; Tel. +1 709 469 2207, *historicportunion.com*
- Murphy's Cove Lodge's Pond Trail: 7,7 Kilometer langer, schöner, mittelschwerer Rundweg der Küste entlang, mit mehreren Aussichtspunkten; er beginnt bei St. Catherine's Haven in Port Union; Tel. +1 709 469 2207; *hikediscovery.com/murphys.html*

Unterkünfte:

- The Harbourside Inn, 80 Main Road, Port Union, Tel. +1 709 477 2127, *theharboursideinn.ca*
- Seaport Inn: 127 Discovery Trail, Port Union, Tel. +1 709 469 2257, *seaportinn.net*

Der Nordosten

Fluss Gambo

Der Nordosten

14. Terra Nova National Park: leichte Wanderungen
15. Gambo: dauerhaftes Erbe des Joey Smallwood
16. Kittiwake Coast: kleine Dörfer mit interessanten Überraschungen
17. Lumsden und Cape Freels: Sand, Dünen und ein kanadischer Bestseller
18. Fogo Island: wie man Tradition in der Moderne bewahrt
19. Change Islands: Reise in die Vergangenheit
20. Gander: offenes Tor für die Welt
21. Die Beothuk: Demasduit Regional Museum in Grand Falls-Windsor

Atlantischer Ozean
Shoe Cove
Round Harbour
Crow Head
Twillingate
19
18
Joe Batt's Arm
Pilley's Island
Robert's Arm
Boyd's Cove
Comfort Cove-Newstead
Frederickton
Musgrave Harbour
17
17
16
Loon Bay
Lewisporte
Pound Cove
Newtown
Wesleyville
Brookfield
Botwood
Bishop's Falls
21
20
Glenwood
Wareham-Centreville
Appleton
Gander
16
Trinity Bonavista Bay
Grand Falls-Windsor
16
Dover
15
Hare Bay
1
Gambo
Burnside
Salvage
Glovertown
14
Traytown
Eastport
Newfoundland
Plate Cove East
Charlottetown Bonavista Bay
Musgravetown
West
Port Blandford
Summerville
NEWFOUNDLAND AND LABRADOR
Burgoynes Cove
Clarenville
Lower Lance Cove
Hickman's Harbour
Hillview
Little Heart's Ease
Camp Boggy
Hodge's Cove
Milltown
St Alban's
North Harbour Placentia Bay
Come by Chance

14. Terra Nova National Park: leichte Wanderungen

Der Trans-Canada Highway durchschneidet den Terra Nova National Park. Das ist ein Vorteil, da er leicht zu erreichen ist, aber auch ein Nachteil, weil er von jenen, die schnell andere Regionen erreichen wollen, außer Acht gelassen wird. Hier sind zwei kurze Routen beschrieben, die auch für Kinder oder weniger geübte Wanderer geeignet sind. Beide Wanderungen bescheren ein intensives Naturerlebnis.

Der perfekte Einstieg, um ein Gespür für diesen Nationalpark zu bekommen, ist eine Fahrt auf den Ochre Hill, etwa einen Kilometer vom Highway entfernt. Dort kann man einen Metallturm am Ochre Hill Lookout ersteigen, der früher ein Feuerwachturm war. Von oben bietet sich ein spektakuläres 360-Grad-Panorama. Wem der Aufstieg auf den Turm zu schwindelerregend ist, für den gibt einige Meter entfernt eine hölzerne Plattform, von wo die Aussicht ebenfalls atemberaubend ist. Man sieht boreale Wälder, Seen, Sümpfe

Ausblick von Ochre Hill auf den Nationalpark

Durch den borealen Wald auf dem Sandy Pond Trail

und am Horizont Berge, Ausläufer des Appalachen-Gebirges, und in der Ferne die Nordatlantikküste.

Eine Schautafel unterhalb des Turms wartet mit interessanten Zahlen auf: Der Terra Nova National Park umfasst eine Fläche von 400 Quadratkilometern. Zu den wilden Tieren, die hier leben, gehören Schwarzbären, Luchse, Elche, Fischadler, Biber, Koyoten, Karibus, Robben, Wale und Marder und viele Wasservögel. 70 Prozent der Bäume sind Schwarzfichten. Der Park wurde 1957 gegründet – als erster Nationalpark der Provinz Newfoundland und Labrador. Die Küstenlinie des Parks ist 238 Kilometer lang. Auf seinem Territorium findet man 169 verschiedene Vogelarten und 80 Kilometer Wanderwege.

Eine Rundwanderung beginnt wenige Fahrminuten unterhalb des Aussichtsturms: der Ochre Hill Loop Trail. Schon der Einstieg sieht verlockend aus und später wird es noch besser. Der Pfad ist ungefähr fünf Kilometer lang, leicht bis mittelschwer und führt an einem See, dem Ochre Hill Pond, entlang, wo er beim Schild „Lookout" abzweigt und sich durch Gebüsch und Wald in die Höhe schlängelt. Man könnte auch die Abzweigung ignorieren und einfach um den See herum zum Ausgangspunkt zurückwandern. Dann würde man aber die herrliche Rundsicht auf die Landschaft verpassen. Auf diesem Pfad erhält man sehr schnell das Gefühl, in der Wildnis zu sein, ohne weit gehen zu müssen. Der Borealwald umsäumt die Seen, und wenn man Glück hat, erscheint ein Elch am Ufer. Wo die Heide sumpfig wird, läuft man über Holzsteige. Rentierflechten liegen

Auf trockenen Füßen über Holzstege

wie Eiweißschaum zwischen der niedrigen Vegetation. Auf dem Waldboden muss man auf Wurzeln achten. Die Hügelkuppen sind steiniger, aber hier öffnet sich der Blick in die Weite. Oben wird man mit einem Rundum-Panorama belohnt, an dem man sich fast nicht satt sehen kann. Für diesen Wanderweg reichen eine bis eineinhalb Stunden.

Wenn man zum Trans-Canada Highway hinunterfährt, überquert man einfach die Fahrbahn und gelangt gleich zu der Straße zum Sandy Pond. Am oberen Seeende gibt es einen Sandstrand, der von Badenden genutzt wird. Das Wasser ist in Strandnähe nicht tief und erwärmt sich deshalb rasch. Hier kann man Kajaks, Kanus oder Mountainbikes mieten. Ein Holzsteg umrundet den See, und schnell ist man in der Natur und in der Stille. Der Rundweg ist nur drei Kilometer lang, er durchquert lichten Wald und Sümpfe, über die breite Bretterwege errichtet wurden. Das ist der Lebensraum von Karibus, Bibern und anderen Tieren, aber auch von Farnen,

Lebensraum für wilde Tiere am Sandy Pond

Orchideen und weiteren Wildblumen. Fauna und Flora werden auf großen Informationstafeln erklärt.

Der Sandy Pond ist rund zwei Kilometer breit. Von hier aus kann man die Kanus zum nächsten See tragen, zum Beachy Pond, oder noch weiter zum Dunphy's Pond, und dort am Wasser zelten. Um Letzteren führt ebenfalls ein Wanderweg, der zwischen zweieinhalb und drei Stunden lang ist. Eine Übersicht über alle Wanderwege findet man auf der Website des Nationalparks *(pc.gc.ca/en/pn-np/nl/terranova/activ/ran-hik)*.

INFO

Lage: Rund 250 Kilometer oder 2,5 Fahrstunden vom Flughafen St. John's oder 372 Kilometer oder rund vier Stunden vom Flughafen in Deer Lake entfernt.

Öffnungszeiten: ganzjährig. Visitor Centre (rund 35 Kilometer vom östlichen Eingang des Parkes oder zehn Kilometer vom westlichen Eingang); Mitte Mai bis Mitte Oktober; Tel. +1 709 533 28 01

Aktivitäten:

- Nature House (Acitivity Centre) beim Newman Sound Campground: bietet viele Aktivitäten für Kinder und Jugendliche an; Ende Juni bis Ende August; Tel. +1 709 533 2801, GPS: 48.550412, -53.982955, *parks.canada.ca/pn-np/nl/terranova/activ/interp_2*

Unterkünfte:

- Pinetree Lodge and Cabins: 62-64 Main Street, Traytown, Tel. +1 709 533 66 01, *pinetreelodge.ca*
- Campgrounds: Es gibt mehrere Zeltplätze im Park; *pc.gc.ca/en/pn-np/nl/terranova/activ/camping*

Hinweise:

- Für Aktivitäten im Park muss eine Besucherkarte im Visitor Centre oder im Büro am Sandy Pond gekauft werden. Die Tageskarte kostet für Erwachsene rund 5 CAD.
- Die Naturpfade erfordern gute Wanderschuhe.

Website: *pc.gc.ca/terranova*

15. Gambo: dauerhaftes Erbe des Joey Smallwood

Um Newfoundland und Labrador besser zu verstehen, kommt man nicht um Joseph „Joey" Smallwood herum, den ersten Ministerpräsidenten dieser Provinz. Smallwood kämpfte dafür, dass sich Newfoundland 1949 Kanada anschloss. In Gambo, wo der legendäre Politiker zur Welt kam, hält man die Erinnerung an den kleingewachsenen Smallwood aufrecht, der eine überlebensgroße Person wurde.

Als Ministerpräsident regierte Joey Smallwood ziemlich unangefochten während 23 Jahren. Es verwundert deshalb nicht, dass er Newfoundland und später Labrador nachhaltig prägte. In vielen Wohnzimmern hing sein Porträt, und der Schriftsteller Wayne Johnston schrieb sein berühmtes Buch „Die Kolonie der unerfüllten Träume", eine Smallwood-Biografie in Romanform.

23 Jahre lang Prime Minister

Smallwood hegte einen Traum für sich, wie er einst bekannte: „Ich möchte erinnert werden als der größte Newfoundlander, der je gelebt hat." In Gambo hat man ihm eine Statue errichtet und ein Netz von Wanderwegen, das insgesamt rund zwölf Kilometer lang ist, nach ihm benannt.

Statue von Joey Smallwood in Gambo

Smallwood wurde als ältestes von dreizehn Kindern in der Nähe von Gambo geboren, bevor die Familie nach St. John's zog. Sein Onkel sorgte dafür, dass Joey ein College für Söhne der Oberklasse besuchen konnte. Dort entwickelte er sozialistische Neigungen.

Smallwood wollte schon als junger Mann Ministerpräsident seiner Provinz werden. Aber zuerst wurde er Journalist. Er arbeitete sogar fünf Jahre lang bei einer sozialistischen Zeitung in New York. Nach seiner Rückkehr verlegte er seine eigene Zeitung und hatte auch eine populäre Sendung im Rundfunk, die seine Stimme weithin bekannt machte. Das nutzte er aus, als es um eine wichtige Volksabstimmung über die politische Zukunft Newfoundlands ging: Sollte die ehemalige britische Kolonie weiterhin von Großbritannien verwaltet werden? Oder sollte sie sich den Vereinigten Staaten anschließen? Unabhängig werden? Für Smallwood war klar: Er wollte Newfoundland zur kanadischen Provinz machen. 1948 stimmten 52 Prozent der Newfoundlander dafür. Der Liberale Smallwood wurde 1949 zum ersten Ministerpräsidenten von Kanadas zehnter Provinz gewählt.

Als Politiker war er manchmal ziemlich autokratisch, um seine Visionen durchzudrücken. Der einstige Sozialist schreckte nicht

Smallwoods versilberte Schaufel für Spatenstiche

davor zurück, sich gegen eine Gewerkschaft zu stellen, die seinen Plänen in die Quere kam. Er verkehrte mit Bankiers und Diktatoren.

Smallwood fand es wichtig, Newfoundland zu industrialisieren. Da er nicht genügend Investoren in seiner Provinz fand, hieß er auch ausländische Unternehmen willkommen. Nicht alle seine Projekte werden im Rückblick positiv beurteilt. Das unterirdische Stromkraftwerk von Churchill Falls in Labrador wurde zusammen mit der Provinz Québec gebaut, die fast für die Hälfte der Baukosten aufkam. Dafür durfte und darf Québec den meisten Strom bis zum Jahr 2041 zu einem spottbilligen Preis beziehen, während Newfoundland das Nachsehen hat. Das ärgert die Newfoundlander immer noch. Bis heute wird auch Smallwoods Umsiedlungsprogramm kontrovers beurteilt: Der Ministerpräsident ermutigte den Umzug von rund 30.000 Menschen aus 300 isolierten Dörfern in größere Siedlungen. Smallwood fand, Newfoundland könne sich nicht die Infrastruktur wie Straßen, Elektrizität und Krankenhäuser für entlegene Gegenden leisten. Die Dörfer zerfielen. Smallwood plante auch den Bau eines Unterwas-

Ein Politiker mit Visionen

sertunnels zwischen der Insel Newfoundland und dem Festland von Labrador, der jedoch nie gebaut wurde.

Smallwood hat einige Bücher geschrieben, aber sein Alterswerk, eine Enzyklopädie in fünf Bänden über Neufundland und Labrador, führte zu seinem finanziellen Bankrott.

Terrasse am Fluss Gambo

INFO

Lage: Gambo liegt am Trans-Canada Highway, 297 Kilometer westlich von St. John´s und 352 Kilometer östlich vom Flughafen Deer Lake.

Anfahrt: Vom Trans-Canada Highway die Ausfahrt bei Gambo nehmen.

Aktivitäten:

- Nach Smallwood ist auch ein Netz von Wanderwegen benannt, insgesamt 12 Kilometer lang.
- Der Middle Brook Trail ist 3,1 Kilometer lang und leicht zu begehen. Der Pfad zu Joey's Lookout ist 1,6 Kilometer lang. Mehr Informationen hier: *alltrails.com/canada/newfoundland-and-labrador/gambo*

Unterkunft:

- Freshwater Inn: NL-320, Gambo, Tel. +1 709 674 5577, *freshwaterinn.com*

16. Kittiwake Coast: kleine Dörfer mit interessanten Überraschungen

An der Kittiwake-Küste entlang führt eine malerische Straße mit bildhübschen Dörfchen und fantastischen Sandstränden (siehe Tipp 17). Sie hat glücklicherweise noch nicht den Bekanntheitsgrad erreicht, den man ihr eigentlich zuschreiben müsste. An dieser Küste kann man auch sehen, wo der nordamerikanische und der europäische Kontinent auseinanderbrachen.

Kittiwake heißt die Dreizehenmöwe auf Englisch, und sie hat der Halbinsel Kittiwake Coast den Namen gegeben. Hier können Hobby-Ornithologen noch rund 90 weitere Vogelarten beobachten. Zum Zug kommen auch Reisende, die sich für die Säuglingsjahre unseres Planeten interessieren. Der erste Halt ist der kleine Ort Dover, der vor allem durch den Dover Fault ein Begriff geworden ist. Mit Fault ist eine Störzone oder Bruchstelle in der Erdkruste gemeint. In Dover sind in Urzeiten Kontinente zusammengestoßen. Wie ging das?

Vor rund 500 Millionen Jahren gab es zwei durch einen Ozean getrennte Kontinente auf dieser Erde. Wegen Bewegungen in der Erdkruste sind die Kontinente schließlich vor rund 410 Millionen Jahren kollidiert. Das Resultat: der Dover Fault. Die neu geformte Landmasse blieb ungefähr 200 Millionen Jahre stabil, dann brach sie auseinander, um den Nordatlantik zu bilden, mit Nord- und Südamerika auf der einen Seite und Afrika/Europa auf der anderen.

In Dover kollidierten zwei Kontinente

Spuren davon kann man in Dover sehen.

Ein Holzsteg und Stufen führen auf eine Anhöhe. Wenn man von dort auf die Bucht hinunterschaut, an der das Dorf liegt, sieht man eine Delle in einem Hügelzug. Dort verläuft die geologische Störzone, die durch den Zusammenprall der Kontinente entstand. Am Fuß der Anhöhe findet man ein kleines Museum, das die Kollision und das spätere Auseinanderbrechen der Kontinente ausführlich erklärt.

Von Dover fährt man rund eine halbe Stunde weiter auf der Kittiwake-Küstentour und biegt dann rechts nach Greenspond ab. Nach 15 Kilometern erreicht man die Siedlung, die sich auf mehrere Inselchen verteilt. Beim Dorfrand oben auf dem Hügel muss man unbedingt den Wagen parken und das 360-Grad-Panorama genießen. Es ist fast nicht möglich, sich dem Liebreiz von Greenspond zu entziehen. Die bunten Häuschen von Fischern spiegeln sich in Wasserkanälen zwischen den Inseln, an deren Ufer kleine Boote vertäut sind. Im Sommer wachsen wilde Blumen im hohen Gras zwischen den Häusern. Diese Idylle kontrastiert mit wuchtigen Felsen, die den Wellen des Nordatlantiks die Stirn bieten. Winzige Eilande ragen aus dem Ozean.

Sicht auf Greenspond

Greenspond ist eines der ältesten Dörfer Newfoundlands. Der Ort wurde ab 1690 von Engländern besiedelt und entwickelte sich zu einem wichtigen Handelsplatz für Kabeljau und Robbenpelze. Es wurde damals sogar „Capital of the North" genannt. Von der Blütezeit zeugen einige historische Gebäude wie das Gericht oder das Harding House aus dem Jahr 1890. Sehenswert sind auch die Saint-Stephens-Kirche und das alte renovierte Postamt. In der Umgebung des Dorfes winden sich eindrückliche Wanderwege hoch über den Uferfelsen der Küste entlang. Auf dem Inselchen Wings fällt ein gelbes Gebäude auf, das Café Ida's Place mit den wahrscheinlich

Wasserkanal in Newtown

leckersten Scones in Newfoundland.

Das Dorf Newtown, etwas mehr als eine halbe Stunde entfernt, wartet mit weiteren historischen Häusern auf. Jemand hat für Newtown die Bezeichnung „Venedig Newfoundlands" geprägt – ein bisschen übertrieben, aber nicht ganz unzutreffend. Denn wie Greenspond wurde die Siedlung auf mehreren Inseln gebaut, die mit Brücken verbunden sind. Das Juwel dieser Gemeinde ist das Barbour Living Heritage Village: Im 19. Jahrhundert errichtete die wohlhabende Familie Barbour mehrere Wohn- und Lagergebäude hier. Man kann sie auf einer geführten Tour besichtigen, was sich wirklich lohnt, weil man dabei Interessantes über die Inneneinrichtung und den Alltag der einstigen Bewohner erfährt.

Barbour Heritage Village in Newtown

INFO

Lage: Die Kittiwake Coast liegt im Nordosten Newfoundlands, ungefähr 300 Kilometer von St. John's entfernt.

Anfahrt: Bei Gambo vom Trans-Canada Highway in nördlicher Richtung auf die NL-320 abzweigen. Bis Dover sind es etwa 25 Kilometer, von Dover bis Greenspond 56 Kilometer (die letzten 15 Kilometer nach einer Abzweigung rechts auf der NL-320-33), von Greenspond nach Newtown rund 40 Kilometer.

Aktivitäten:
- Dover Fault Interpretation Site: Mitte Juni bis Ende September täglich 9 bis 17 Uhr; 113 Wellington Road, Dover, Tel. +1 709 537 58 37, *townofdover.ca*
- Barbour Living Heritage Village: Ende Juni bis Anfang September täglich 10 bis 16 Uhr; Erwachsene 15 CAD; School Crescent, Newton, *barbour-site.com*

Unterkünfte:
- The Old Salt Box Co.: 3 Main Street, Greenspond, Tel. +1 709 658 7392, *theoldsaltboxco.com/aunt-christis-greenspond*
- Audrey´s Tickle Bliss: im Barbour Living Heritage Village, Newtown, Tel. +1 709 536 3220, *barbour-site.com/accommodations*

Hinweise:
- Man kann die Kittiwake Coast auch in umgekehrter Richtung von Gander aus auf NL-330 Richtung Musgrave Harbour abfahren.
- Der Name New-Wes-Valley bezeichnet eine neue Gemeinde, die Newtown, Wesleyville und Valleyfield umfasst.
- Der Greenspond Walking Trail ist ein sechs Kilometer langer Rundweg und mittelschwer; *alltrails.com/trail/canada/newfoundland-and-labrador/greenspond-walking-trail*

17. Lumsden und Cape Freels: Sand, Dünen und ein kanadischer Bestseller

Man verbindet Newfoundland und Labrador in der Regel nicht mit wunderschönen Sandstränden. Es gibt indes einige tolle Orte, die sich fast wie an der Ostsee anfühlen. Cape Freels und vor allem Lumsden bieten feinen weißen Sand, so weit das Auge reicht. Auf Wandertouren kann man die Strände zu Fuß erschließen. Einer der Pfade ist nach einem kanadischen Bestseller benannt: der „Random Passage Trail".

Von der NL-330 her kann man die fantastischen Sandstrände von Lumsden nicht sehen. Es gibt auch kein Schild als Wegweiser. Deshalb hier eine Routenbeschreibung zum Northside Beach: Biegen Sie nicht in die Main Street ein, die durch das Dorf Lumsden führt, sondern bleiben Sie auf der Straße, die hier Centennial Drive genannt wird, bis man den Memorial Drive erreicht. Hier biegt man rechts ab und fährt rund 300 Meter, bis das Schild „Beach" erscheint. Dann fährt man auf der Lumsden North Road geradeaus Richtung Strand. Das Auto kann man beim Wohnmobilpark gegenüber dem Kinderspielplatz parken. Von dort hat man leichten Zugang zum Strand. Und staunt! Die helle Sandfläche dehnt sich viele Kilometer weit aus.

Weiter Sandstrand in Lumsden

Lumsden, das einst Cat Harbour genannt wurde, zählt vier Strände: Back Beach, Northside Beach, Southside Beach und Windmill Bight Beach. Wenn man auf dem Sand läuft, fühlt man sich irgendwie frei. Die Dünen sind mit Schilfgras überwachsen, und rötliche Felsbrocken spiegeln sich in kleinen Tümpeln. An die 90 Vogelarten sind an dieser Küste zu finden. Die Wellen am Strand von Windmill Bight eignen sich zum Surfen. Dort befindet sich auch ein Zelt- und Wohnmobilpark mit Picknicktischen und einem Süßwasserteich, in dem man baden kann.

Sanddünen bei Lumsden

Lumsden blickt auf eine lange Geschichte zurück: Hier lebten in der Frühzeit Dorset-Pre-Inuit (3000 bis 1000 v. Chr.) und die Angehörigen der Maritime Archaic Indians (5000 bis 3000 v. Chr.) Davon zeugen aufgefundene Pfeil- und Speerspitzen. Das Nachbardorf Cape Freels gilt als einer der ältesten Orte, wo sich die Beothuk aufhielten. Ein Ort namens Cape Island nahe Cape Freels könnte sogar die älteste archäologische Stätte auf der Insel Newfoundland sein.

Random Passage Trail bei Cape Freels

Zehn Minuten von Lumsden entfernt zweigt die NL-330-28 nach Cape Freels ab. Sie führt zu einer unvergesslichen Rundwanderung, die nach dem kanadischen Bestseller „Random Passage" (deutscher Titel „Die Farbe des Meeres") benannt ist. Die Newfoundlanderin Berenice Morgan beendete den historischen Roman im Jahr 1992: Er handelt vom harten Leben der ersten europäischen Siedler in dieser Gegend, von der Kälte im Winter und dem Hunger, dem Fischen und der Armut, der Ablehnung und Liebe innerhalb einer

Inschrift auf Cape Island

kleinen zusammengewürfelten Schicksalsgemeinschaft. „Random Passage" wurde als mehrteilige Serie verfilmt und 2002 im kanadischen Fernsehen gezeigt. Berenice Morgan ließ sich von Cape Freels inspirieren. Auf einer felsigen Landzunge namens Cape Island war ihre Mutter aufgewachsen. Als achtjähriges Mädchen kam Berenice Morgan zum ersten Mal hierher und hörte die Geschichten über die früheren Siedler. Die Häuser auf Cape Island wurden zwischen 1951 und 1953 aufgegeben.

Die Miniserie „Random Passage" wurde allerdings nicht in Cape Freels, sondern in New Bonaventure in der Nähe von Trinity auf der Bonavista-Halbinsel gefilmt. Deshalb gibt es dort ein nachgebautes Fischerdorf, wie es 1815 ausgesehen haben könnte und wohin Scharen von Touristen pilgern. In Cape Freels dagegen hat man den Originalschauplatz an vielen Tagen für sich allein. Die Random-Passage-Wanderung fängt bei einem Parkplatz an, setzt sich über eine kleine Brücke fort, an Teichen vorbei, durch Heidegebüsch und auf Holzstegen über die Tundra zu einem alten Friedhof. Von dort geht es Richtung Strand, wo man dem Weg nach Cape Island folgt, dem historischen Standort des Buches. Über einen schönen sandigen Strand geht es zurück zum Ausgangspunkt. Besser kann man das Buch „Random Passage" wahrscheinlich nicht zelebrieren!

Auf Holzstegen über Morast

INFO

Lage: Lumsden erreicht man von Gambo aus in rund 75 Minuten in nördlicher Richtung. Von St. John's sind es etwas mehr als drei Stunden.

Anfahrt: Von St. John's auf dem Trans-Canada Highway nach Gambo, dort nimmt man NL-320 nach Lumsden. Man kann auch in Gander die NL-330 nehmen, Distanz 123 Kilometer, ist zeitlich fast gleich lang. Für Cape Freels biegt man kurz vor Lumsden in die NL-330-28 ein und fährt Richtung Meer.

Aktivitäten:

- Random Passage Trail: Man fährt auf der Beach Road, einer holprigen Erd- und Sandstraße, in östlicher Richtung den Strand entlang, bis man zu einem Parkplatz kommt. Es gibt Schilder dort, aber kein Wanderwegzeichen. Man schlägt den Pfad rechts ein, der über eine kleine Brücke führt, und befindet sich nun auf dem Rundweg, der später zum Parkplatz zurückkehrt. Wegweiser sind rar, außer in Strandnähe. Die Wanderung ist rund 2,5 Stunden lang, aber leicht. Gutes Schuhwerk ratsam.

Unterkünfte:

- Spindrift Inn and Cottages: Musgrave Harbour (20 Minuten bis Lund), Tel + 1 709 655 2175/2176, *spindriftbythesea.ca*
- Camping im Windmill Bight Park: Achtung: es gibt keine Duschen, aber man findet sie etwa in zwei Kilometer Entfernung Richtung Lumsden („Comfort Station" genannt), auch Waschmaschine und Internet; Main Street, Lumsden, Tel. +1 709 530 2312, *windmillbightpark.blogspot.com*
- RV Park Windmill Bight Park North: Wohnmobilpark mit 30 Standplätzen (ohne Strom) befindet sich beim North Beach; Tel. +1 709 530 2309, *facebook.com/rvparklumsden?fref=ts*

18. FOGO ISLAND: WIE MAN TRADITION IN DER MODERNE BEWAHRT

Auf der Insel Fogo kommen die Wanderer und Naturfreunde auf ihre Rechnung, aber auch die Liebhaber von kleinen schmucken Fischerhäfen und liebevoll eingerichteten Dorfmuseen. Auf der Insel gibt es zudem eine wandernde Karibuherde.

Die Insel ist nicht nur wegen des futuristisch anmutenden Hotels Fogo Island Inn bemerkenswert, das die ehemalige Investmentbankerin Zita Cobb, die auf der Insel aufwuchs, bauen ließ. Diese Luxusherberge lassen wir hier beiseite, es gibt genügend andere Sehenswürdigkeiten auf Fogo Island.

Das erste Dorf, das man auf der Straße vom Fährhafen Stag Habour aus erreicht, ist Fogo, wo rund 750 Menschen leben. Um zu sehen, wie hübsch sich die Häuser und Kirchen von Fogo um die Buchten und Hügel gruppieren, muss man ein wenig in die Höhe steigen. Dazu bietet sich der Brimstone Head an, ein rundlicher Felsen, der sich wie eine riesige Knolle zwischen Dorfrand und Ozean erhebt. Ein Schild informiert augenzwinkernd darüber, dass man sich hier dem Rand der flachen Erdscheibe nähert – wenigstens glauben

Brimstone Head mit dem Dorf Fogo

Altes Schulhaus mit nur einem Raum in Fogo

das die Exzentriker der Flat Earth Society. Alle andern können unbesorgt, aber vorsichtig den Pfad und eine steile Holzstiege zum Scheitel des Brimstone Head hochsteigen. Die Aussicht von dort auf Fogo, die Inseln und den Ozean ist es wert. Von oben bemerkt man ein markantes historisches Gebäude, das Bleak House. Heute ist es ein Museum, das zeigt, wie einst die wohlhabende Schicht der Fischhändler wohnte. An der Hauptstraße befindet sich ein Schulhäuschen aus dem 19. Jahrhundert, dessen Mobiliar an alte Filme erinnert.

Eine noch beeindruckendere Aussicht auf Fogo genießt man, wenn man zum Marconi Wireless Interpretation Centre hochfährt. Dort erfährt man einiges über die Geschichte der Funkstation, die 1911 gebaut wurde und 22 Jahre lang in Betrieb war. Ein ausgeschilderter Pfad führt zur erhöhten Stelle, wo früher die Marconi-Station stand. In der Nähe beginnt der Lion's Den Trail. Diesen 4,5 Kilometer langen, mittelschweren Rundweg muss man unbedingt unter die Füße nehmen. Er führt auf Holzstegen über die Heide, an idyllischen Teichen vorbei, zu den Resten von verlassenen Siedlungen – mit fantastischen Blicken auf die Küste und auf Fogo.

Karibu überquert die Straße

Im Nachbardorf Joe Batt's Arm häufen sich die Fotomotive. Auf dem Wasser schaukeln die traditionellen Ruderboote, Punts genannt.

Künstleratelier in Joe Batt's Arm

Die ockerroten Fischerschuppen balancieren auf Holzgerüsten über den Uferfelsen. Ein hochmoderner Kontrast dazu ist das architektonisch kühne, auf Stelzen gebaute Künstleratelier Long Studio, das wie ein rechteckiges schwarz-weißes Rohr auf den Nordatlantik gerichtet ist. Long Studio ist eines der vier Künstlerateliers der Shorefast Foundation, einer von Unternehmerin Zita Cobb gegründeten Stiftung. Cobb verbrachte in Joe Batt's Arm ihre Kindheit. Man darf die Kunstschaffenden in ihren Ateliers besuchen. Zum Long Studio in Joe Batt's Arm wandert man auf einem leichten Pfad, der beim Park von Ethridge's Point beginnt. Er ist 4,6 Kilometer lang (hin und zurück) und führt an bewirtschafteten Gemüsegärten vorbei.

Das Dörfchen Tilting hat einen ganz besonderen Charme, weil die Bewohner einige alte Gebäude erhalten konnten, die eine authentische Atmosphäre von früher vermitteln. Dazu gehören die Fischergebäude (Dwyer Premises), das alte Postamt und das Lane House Museum. Hinter diesem Museum stößt man auf den Turpin's Trail, den viele Leute für die schönste Wanderung auf der Insel halten: Am Weg liegen Wiesen, wuchtige Küstenfelsen, Waldstücke, ein weiteres modernes Künstleratelier (Squish Studio) und ein schöner Sandstrand in Sandy Cove.

Punts: Ruderboote in Joe Batt's Arm

Einen interessanten Einblick in die Geschichte der Fischer von Fogo Island, die 1967 eine bis heute bestehende Kooperative gründeten, um einer Krise im Fischfang zu trotzen, gibt das Fogo Island Marine Interpretation Centre im Ort Seldom.

INFO

Lage: Fogo Island liegt vor der Nordostküste Newfoundlands, an der Meerenge Hamilton Sound. Die Fähre erreicht die Insel in rund 50 Minuten.

Anfahrt: Bei Gander die NL-330 in nördlicher Richtung nehmen, dann auf NL-331 und NL-335 zum Fährenhafen in Farewell fahren.

Aktivitäten:
Die Öffnungszeiten für die Museen auf Fogo werden wöchentlich neu festgesetzt. Sie können auf der App „Discover Fogo Island" abgerufen werden. Oder man kann einfach vorbeigehen.

- Wireless Relay and Interpretation Centre: 1. Juni bis Anfang September; 15 Pickett's Extension, Fogo, Tel. +1 709 266 1320, *townoffogoisland.ca/home/39*
- Marine Information Centre: Mitte Juni bis Anfang September; Harbour Drive, Seldom, Tel. +1 709 627 34 09, *townoffogoisland.ca/home/42*
- Bleak House Museum: 1. Juni bis 30. September täglich; Eintritt frei, Spenden willkommen; North Shore Road, Fogo, *townoffogoisland.ca/home/39*

Unterkünfte:

- Ferienhaus Grandma Lily's: zwei Schlafzimmer, Tel. +1 709 658 7392, *theoldsaltboxco.com/lillys*
- Landwash Lodging: 20 Penton's Road, Joe Batt's Arm, vier Gästezimmer, Tel. +1 709 989 3643

Hinweis: Die Insel Fogo ist nur 25 Kilometer lang und 14 Kilometer breit. Trotzdem lohnt es sich, zwei Nächte dort zu buchen. Nicht weit vom Fährhafen Stag Harbour befindet sich ein Visitor Centre.

Website: *townoffogoisland.ca/home*

19. Change Islands: Reise in die Vergangenheit

Vor einem Jahrhundert waren die Change-Inseln ein Hafen, den die Schoner auf dem Weg von und nach Labrador anliefen. Hier kann man sich gut vorstellen, wie das Leben in entlegenen Fischerdörfchen war, weil fast alles noch so aussieht wie früher. Eine der drei Inseln ist auch das Refugium für die echten und fast ausgestorbenen Newfoundland-Ponys.

Change Islands ist der Name für drei kleine Inseln. Die zwei bewohnten Inseln, South Island und North Island, sind nur wenige Kilometer lang. Die Fähre von Farewell nach Fogo Island legt auch auf den Change Islands an. Durch menschenleeres Buschwerk führt die Landstraße zur Siedlung Town of Change Islands. Die roten Fischerschuppen und die einfachen weißen Holzhäuser stehen noch, als ob die Zeit angehalten hätte. Wegen des Zusammenbruchs der Kabeljaufischerei Anfang der 1990er-Jahre gibt es nur noch ganz wenige Fischer. Die alten Gebäude am Wasser haben den Altersprozess relativ unbeschadet überstanden. Ein Besuch dieser Dörfer ist wie eine Reise in die Vergangenheit und fantastisch für Fotos.

Die Change-Inseln tragen diesen Namen, weil früher die Menschen im Winter von den Behausungen am Ozean zu Hütten im Wald wechselten, wo sie vor Winterstürmen besser geschützt waren. Heute leben noch etwa 300 Leute hier, früher waren es 1200. Solche Informationen erhält man von Pete Porter, einem Ingenieur im Ruhestand. Porter besitzt eine private Sammlung, die er im The Olde Shoppe Museum ausstellt. Man kann einfach unangemeldet zu seinem Haus fahren,

Fischerboot im Hafen

Szene wie vor hundert Jahren

das Museum steht daneben, und Porter wird mit Freude Besuchern die Geschichte der Ausstellungsobjekte erklären. Es sind Hunderte von Gegenständen: zum Beispiel Handschuhe aus Robbenhaut, die ein Inuit vor rund 120 Jahren getragen hat, der Gehörknorpel eines Buckelwals oder ein Horn für Schießpulver aus dem Jahr 1813.

In Town of Change Islands gab es bis vor wenigen Jahren einen Gemischtwarenladen, der mehr als 110 Jahre lang im selben Gebäude in Betrieb war. Eine Institution, die es auf Change Islands immer noch gibt, ist das Seven Oak Island Inn, eine Pension in einem 100-jährigen, renovierten Gebäude auf einer Anhöhe. Es war das ehemalige Haus eines reichen Fischhändlers. Von oben konnte der Händler sehen, was die Fischer hereinbrachten. In einem angebauten Teil befindet sich heute der Speisesaal mit weißen Decken und feinem Porzellan. An einem sonnigen Tag flattert die Bettwäsche der Gäste an einer Wäscheleine im Wind, wie in alten Zeiten.

Geschichte trifft man überall auf den Change Islands an, etwa im Gotteshaus der United Church, das 1897 gebaut wurde. Oder auf dem Squid Jigger Trail, einem wunderschönen Wanderpfad entlang der Küste, benannt nach den winzigen Tintenfischen, die mit

Musikkapelle aus Holzstecken

einem von Hand bewegten Angelhaken gefangen werden. Der Pfad ist einer von mehreren Wandermöglichkeiten auf den Inseln. Er führt an einem alten Friedhof vorbei, dessen Grabsteine von Toten auf der See und ihren Familien erzählen.

Im Interpretation Centre, einem kleinen Museum am Rande der Straße zur Fähre, lernt man auch interessante Fakten über die geologische Formation der Inseln. In einem der Felsen hinterließ ein hummerähnliches Urwesen namens Eurypterid Spuren auf der gewellten sandigen Oberfläche.

Um ein Haar wäre das Newfoundland Pony ausgestorben, aber eine beherzte Frau namens Netta La Drew griff rechtzeitig ein. „Ich glaube nicht, dass es eine Rasse gibt, die so sanft ist“, sagt sie. Es sind Tiere mit buschigen Mähnen, aber erstaunlich eleganten Beinen. Damit können sie als Zugpferde auf schmalen Pfaden sicher balancieren. Als die Rasse wegen der Motorisierung nicht

Refugium für Newfoundland Ponys

mehr gebraucht wurde, fiel die Zahl von 13.000 Tieren in den 1960er-Jahren auf heute 400 bis 500. Newfoundland Ponys seien leicht zu trainieren, sagt Netta: „Touristen bringen Kinder hierher, und sie können die Ponys reiten oder in der Kutsche fahren."

INFO

Lage: Die Change Islands sind der nordöstlichen Küste von Newfoundland vorgelagert, zwischen der Notre Dame Bay und der Labrador Sea.

Anfahrt: In Gander nimmt man die NL-330 Richtung Norden. Dann biegt man links in die NL-331 ein und später rechts in die NL-335. Die Autofähre legt in Farewell ab. Die Überfahrt der Autofähre dauert rund 20 Minuten. Kommen Sie im Sommer frühzeitig zur Fähre, da man keine Fahrkarten reservieren kann. Beachten Sie, welche Spur für die Autos nach Change Islands ist!

Aktivitäten:

- Wandern: *changeislands.ca/downloads/Change-Island-Hiking-Trails.pdf*
- Change Island Newfoundland Pony Sanctuary: Die Ranch liegt in der Nähe des Interpretation Centre, das man an der Hauptstraße findet, bevor man nach Change Island Town kommt; Juni bis September täglich 9 bis 12, 13 bis 17 Uhr, Rest des Jahres auf Vereinbarung; Eintritt frei, Spenden willkommen; 12 Bowns Road, Change Islands, Tel. +1 709 884 6953, *nlponysanctuary.org/ponies*
- The Olde Shoppe Museum: Mitte Juni bis Mitte September täglich 9 bis 12, 13 bis 17 Uhr. 44 Seal Harbour Road, Change Islands, Tel. +1 709 621 4541, *facebook.com/changeislands*

Unterkunft:

- Seven Oakes Island Inn: Mitte Mai bis Ende Oktober; Zum Hotel gehören auch drei Cottages, die man mieten kann; Seven Oakes Island, Tel. +1 709 621 3256, *changeislands.ca/popups/pop_sevenoakes.htm*

Website: *changeislands.ca*

20. Gander: offenes Tor für die Welt

Der Flughafen Gander war einst ein wichtiger Anflugort für zivile und militärische Flugzeuge aus der ganzen Welt. Nach den Terrorangriffen in den USA im Jahr 2001 war er auch ein Zufluchtsort für gestrandete Amerikaner. Ein Rundgang im Flughafen und im nahen Flugmuseum lassen eine bewegte Ära wieder auferstehen. Die Abflughalle muss man sich schon wegen der modernistischen Architektur ansehen.

Als Jerry Cramm am 11. September 2001 zur Arbeit im Flughafen Gander erschien, fand er rund 5000 Fluggäste in der internationalen Wartehalle. Der Flugraum über den USA war nach den Terrorangriffen auf die Türme des World Trade Center gesperrt worden. 38 Flüge wurden nach Gander umgeleitet: aus Deutschland, Großbritannien, den USA, Australien, sogar zwei amerikanische Militärflugzeuge.

Jerry Cramm im Flughafen Gander

Jerry Cramm hat früher oft Touristen auf dem Flughafen herumgeführt und ihnen spannende Episoden erzählt, heute machen das unterschiedliche Leute.

Am unglückseligen 11. September 2001 wollte Jerry Cramm eigentlich auf die Elchjagd gehen. Er stellte den Fernseher an und sah ein Flugzeug in den zweiten Turm rasen. Er fuhr zum Flughafen und arbeitete 60 Stunden mit nur vier Stunden Schlaf. Zunächst ging es darum, die Zollformalitäten für die verwirrten und aufgeregten Passagiere abzuwickeln. Dann mussten 6700 gestrandete Menschen mit Essen

Modernistische Abflughalle als architektonisches Kleinod

versorgt und untergebracht werden. Und das fünf Tage lang. Die Bevölkerung von Gander – damals lebten hier etwa 10.000 Leute – und der umliegenden Gemeinden brachten das alles spontan fertig. Ihrer beeindruckenden Hilfsbereitschaft ist das Broadway-Musical „Come From Away" gewidmet.

Der Flughafen ist auch architektonisch einmalig: In der internationalen Abflughalle findet man noch die ursprüngliche modernistische Möblierung aus den 1950er-Jahren, orange und gelbe Sitzreihen, Drehstühle in der Damentoilette und die erste und älteste Rolltreppe in Kanada. Die Halle, die die britische Königin 1959 eingeweihte, hat mit einem Teil des Mobiliars sowie dem riesigen und visionären Gemälde des kanadischen Künstlers Kenneth Lochhead bislang alle Umbau-

Designermöbel aus den fünfziger Jahren

Im North Atlantic Aviation Museum

versuche überlebt. Die Ausstattung erinnert an eine Zeit, da Flugreisen noch luxuriös und beneidenswert waren.

Interessante Details aus der Blütezeit des Flughafens erfährt man im North Atlantic Aviation Museum. Viel Prominenz, wie Frank Sinatra oder Marilyn Monroe, landete in Gander, wo Flugzeuge für den Weiterflug aufgetankt wurden. In Gander sah der frühere kubanische Präsident Fidel Castro am Heiligen Abend 1972 zum ersten Mal in seinem Leben Schnee und setzte sich zur Feier des Tages auf einen Schlitten. Der Russe Jurij Gagarin, der erste Mensch im All, machte 1961 nach seinem Weltraumflug einen Zwischenstopp in Gander.

Während des Zweiten Weltkriegs spielte Gander, damals „Newfoundland Airport“ genannt, eine enorm wichtige Rolle für die Alliierten. Der britische Premierminister Winston Churchill bezeichnete Gander 1943 als „den größten Flugzeugträger im Nordatlantik“. Gegen Ende des Krieges lebten rund 10.000 kanadische, britische und amerikanische Soldaten in Baracken um den Flughafen herum. Ende der 1950er-Jahre war Gander ein sehr kosmopolitischer Ort mit viel Personal aus dem Ausland. Auch später blieb der Flughafen eine bedeutende Anlauf- und Auftankstelle für Transatlantikflüge, und Angestellte kamen in Kontakt mit den Berühmten der Welt. Im Aviation Museum findet sich auch eines der beiden Metallstücke aus den Ruinen der Twin Towers in New York, als Anerkennung für die selbstlose Hilfe der Einheimischen im Jahr 2001. Das zweite geschenkte Metallstück ist in der Eingangshalle des Flughafens zu sehen. Im Flugmuseum sind außerdem alte Flugmaschinen und weitere historische Apparate ausgestellt.

Metallstück aus den Ruinen der Twin Towers

INFO

Lage: Gander befindet sich am Trans-Canada Highway, 332 Kilometer vom Flughafen St. John's entfernt.

Anfahrt: Auf dem Trans-Canada Highway in östlicher Richtung von Deer Lake und in westlicher Richtung von St. John's.

Aktivitäten:

- Rundgänge im Flughafen: Vermittlung von einheimischen Tourenführern: Tel. +1 709 651 1861.
- North Atlantic Aviation Museum: 1. April bis 31. Dezember, im Sommer täglich von 9 bis 19 Uhr, sonst Montag bis Freitag 9 bis 17 Uhr; Erwachsene 10 CAD; 135 Trans-Canada Highway, Gander, Tel. +1 709 256 2923, *northatlanticaviationmuseum.com*

Unterkünfte:

- Moosehead Trail Rider Rooms in Glenwood (20 Kilometer bis Gander), Tel. +1 709 679 5506
- Country Inn Motel & RV Park: Empfohlen wird das alleinstehende Cottage (Chalet); 315 Magee Road, Gander, Tel. +1 709 256 4005, *countryinngander.ca*

21. Die Beothuk: Demasduit Regional Museum in Grand Falls-Windsor

Die Beothuk, die Indigenen Newfoundlands, haben rund 1800 Jahre an den Küsten gelebt. Im Demasduit Regional Museum (früher Mary March Museum) wird ihre Lebensweise mit Bildern und Gegenständen geschildert. Schautafeln erklären auch, wie es zu Konflikten mit den weißen Siedlern kam und warum die Beothuk ausgerottet wurden. Das Museum ist nach einer jungen Beothuk-Frau benannt.

Die junge indigene Mutter, die eigentlich Demasduit hieß, wurde von weißen Fischern im März 1819 entführt. Deshalb nannte man sie später Mary March. Die schwer bewaffneten Männer waren wütend, weil Beothuk ein beladenes Boot der weißen Siedler losgeschnitten und geplündert hatten. Als die Verfolger die Zelte der Beothuk erreichten, flohen diese, nur Demasduit nicht, weil sie gerade ein Kind auf die Welt gebracht hatte. Die Männer wollten

Geschichte der Beothuk dokumentiert

Porträt der Beothuk-Frau Demasduit

die junge Frau mitnehmen, deshalb kehrte ihr Mann zurück, um sie zu verteidigen. Er wurde vor ihren Augen umgebracht, und auch sein Bruder wurde getötet. Demasduit musste ihr Baby zurücklassen, das zwei Tage später starb. Das wusste aber Demasduit nicht, die in die Obhut eines Pfarrers in Twillingate gebracht wurde. Man lehrte „Mary March" Englisch und sie vermittelte dem Pfarrer mehr als 200 Ausdrücke der Beothuk, der sie aufschrieb. In alten Dokumenten wird sie als bescheiden, intelligent und geduldig beschrieben. Die Frau des Generalgouverneurs in St. John's zeichnete ein Porträt der 23-jährigen Gefangenen, das einzige verbürgte Bildnis einer Beothuk.

Als Demasduit den Wunsch verspürte, ihr Kind zu sich zu holen, führte man sie ein Jahr später auf einem Schiff an den Rand der Wildnis. Sie war bereits krank und so starb sie auf der beschwerlichen Reise.

Skizzen der Beothuk-Frau Shanawdithit

Demasduit ist nicht mit Shanawdithit zu verwechseln, einer jungen Frau, die als die letzte Beothuk gilt (siehe Tipp 1). Shanawdithit wurde im Jahr 1873 von weißen Pelzhändlern verschleppt, zusammen mit ihrer Mutter und älteren Schwester, die beide an Tuberkulose starben. Shanawdithit, die Nancy April genannt wurde, war wie Mary March 23 Jahre alt, aber 1,82 Meter groß. Sie arbeitete zuerst in einer Familie als Magd, dann wurde sie unter die Obhut der Beothuk-Institution gestellt und lernte englische Wörter. Viele der Informationen über ihr Volk stammen von ihr, ebenso mehrere Skizzen. Kopien davon sind im Demasduit Museum zu sehen (die Originale befinden sich im Museum The Rooms in St. John's).

Beothuk heißt übersetzt „rot", wahrscheinlich weil sich die Beothuk ihre Haut und Kleider wie auch Gegenstände mit Ocker einfärbten. Ums Jahr 1500 lebten zwischen 500 und 1000 Beothuk in kleinen Gruppen in Newfoundland, im Jahr 1811 waren es noch 72, vierzehn Jahre später blieb davon ein Dutzend Indigene übrig. Als Shanawdithit 1929 starb, existierte ihr Volk nicht mehr. Die Beothuk wurden durch von Weißen eingeschleppte Seuchen und durch Kugeln ausgerottet. Bereits in der Zeit davor waren sie von den weißen Siedlern immer mehr aus ihren ursprünglichen Jagd- und Fischereigebieten verdrängt worden.

Das Demasduit Museum gibt einen guten Einblick in die Lebensweise der Beothuk, ihre Jagdmethoden, Ernährung, Rituale, Klei-

Eingang zum Demasduit Museum

dung und Behausung. Von ihren religiösen und sozialen Sitten ist dagegen wenig bekannt. In Schaukästen liegen Gegenstände, die sie zurückließen, wie wunderschön geschnitzte Amulette, Steinwerkzeuge, Harpunenspitzen oder Teile von Mokassins.

Die Provinz Newfoundland und Labrador wird seit rund 8000 Jahren von Menschen bewohnt. Im Museum findet man einen Überblick über andere Ureinwohner, die noch vor den Beothuk in Newfoundland auftauchten, etwa die Paleo-Inuit oder die Maritime Archaic Indians.

INFO

Lage: Grand Falls-Windsor liegt in Zentral-Newfoundland am Trans-Canada Highway; Demasduit Regional Museum: 24 St. Catherine Street

Anfahrt: Rund 428 Kilometer von St. John's in westlicher Richtung auf dem Trans-Canada Highway.

Öffnungszeiten: Anfang Mai bis Anfang Oktober Montag bis Samstag 9 bis 16.30 Uhr, Sonntag 12 bis 16.30 Uhr, Tel. +1 709 292 4522

Eintritt: Erwachsene 6 CAD

Aktivitäten:

- Beothuk Interpretation Centre: Wer noch mehr über die Beothuk erfahren möchte, findet im Museum und den archäologischen Stätten weitere Informationen; Boyd's Cove , eine Stunde von Gander Richtung Twillingate auf NL-330 und NL-331; *seethesites.ca/the-sites/beothuk-interpretation-centre.html*

Unterkünfte:

- Riverside Suites: 72 High Street, Grand Falls, Tel. +1 709 486 9679, *riversidesuites.ca*
- Riverfront Chalets: Trans-Canada Highway at Aspen Brook, Grand Falls, Tel. +1 709 486 0892, *riverfrontchalets.ca*

Website: *therooms.ca/our-locations/demasduit-regional-museum-grand-falls-windsor*

Baie Verte Peninsula und Green Bay South

Hafen von Triton

Baie Verte Peninsula und Green Bay South

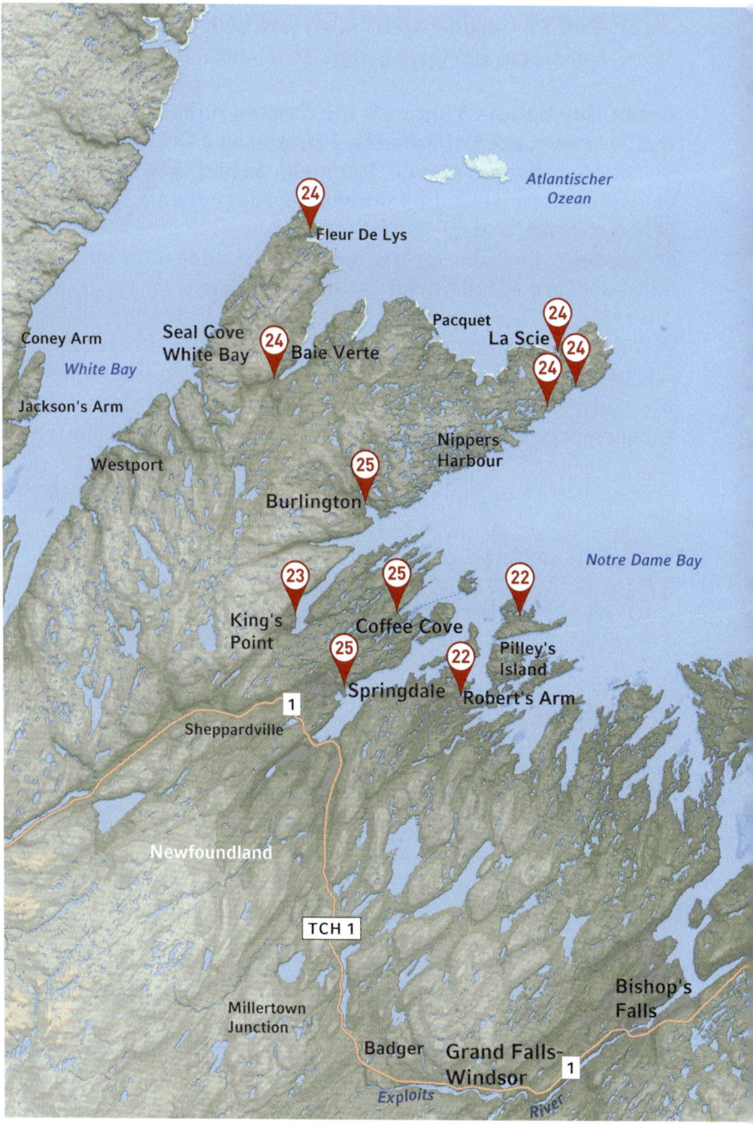

Atlantischer Ozean
24
Fleur De Lys
Pacquet
24
La Scie
24
24
Coney Arm
Seal Cove
White Bay
24
Baie Verte
White Bay
Jackson's Arm
Nippers Harbour
Westport
25
Burlington
Notre Dame Bay
23
25
22
King's Point
Coffee Cove
25
22
Pilley's Island
Springdale
Robert's Arm
1
Sheppardville
Newfoundland
TCH 1
Bishop's Falls
Millertown Junction
Badger
Grand Falls-Windsor
1
Exploits
River

22. ROBERT'S ARM UND LONG ISLAND: SEEN- UND INSELWANDERUNG

Green Bay South nennt sich die Gegend entlang der NL-380. Im Crescent Lake bei Robert's Arm soll sich Cressie, die kanadische Version von Nessie, tummeln. Sehen wird man Cressie vielleicht nicht, aber die Rundwanderung um den See ist herrlich. Im Nachbardorf Triton ist das Skelett eines Pottwales ausgestellt. Für eine prächtige Küstenwanderung setzt man mit der Fähre auf die Insel Long Island über.

Die kleine Gemeinde Robert's Arm wirbt mit einer bunten Seeschlange am Straßenrand für Cressie, das nach dem schottischen Seemonster Nessie benannt ist. Cressie soll im Crescent-See beobachtet worden sein, Bilder oder Videos existieren allerdings nicht. Der Crescent Lake ist auch ohne Cressie ein Ort, dem man einige Stunden widmen sollte. Ein idyllischer Wanderweg, der Hazelnut Adventure Trail, umrundet das weitgehend naturbelassene Gewässer. Der See, der von Hügeln und Wald eingerahmt ist, strahlt eine friedliche Atmosphäre aus. Ein zehn Kilometer langer Naturpfad führt durch Baumbestand und dem Ufer entlang und ist auch für weniger Geübte zu meistern. Als Alternative kann man eine abgekürzte 4,5 Kilometer lange Version wählen. Es ist sehr erholsam, in der Stille der Natur am Seeufer auf einem Stein zu sitzen und nichts als Wald und Wasser zu sehen. Eine formidable Rundsicht auf die Umgebung hat man vom Hazelnut Hill aus, einer Erhebung, für die man eine 40 Meter lange hübsche Holzbrücke überquert und eine weitere Treppe hochklettert.

Cressie, das Monster im Crescent Lake

Crescent Lake in Roberts Arm

Nahe beim Ausgangspunkt der Wanderung gibt es einen verlockenden Zeltplatz. Hier kann man im Sommer auf eigene Verantwortung im See baden. Robert's Arm liegt an einem Meeresarm, und Fischerboote sind am Hafen vertäut. Mit etwas Glück findet man dort einen der selbst gefertigten, mit Steinen beschwerten Anker aus geschälten Ästen, wie man sie früher überall in Newfoundland gefertigt hat. Sie heißen Killick.

Fähre von Long Island

Aussicht vom Beothuk Trail auf Long Island.

Wenn man der NL-380 folgt, erreicht man das Dorf Triton mit einem kleinen Museum, das ein Schwertwalskelett zur Schau stellt. Hübsch anzusehen sind die traditionellen ockerroten Schuppen der Fischer am Hafen. Triton ist stolz auf seinen Swimmingpool im Sommer, aber mehr Eindruck auf Touristen dürften die leuchtend bunten Bojen der zahlreichen Muschelfarmen im Wasser machen.

Eine Straße zweigt zwischen Robert's Arm und Triton nach Pilley's Island ab, wo sich der Fährhafen am Straßenende befindet. In nur fünf Minuten landet die Fähre auf der Insel Long Island. Eine zweite Insel, Little Bay Islands, ist eine halbe Stunde weiter entfernt. Die 54 Inselbewohner haben jedoch nach jahrelangem Hin und Her das Angebot der Regierung angenommen, gegen eine finanzielle Entschädigung die Insel zu verlassen. So spart sich die Provinzregierung die Kosten für Fähre, Straßen und Stromversorgung.

Auf Long Island dagegen sind die drei fotogenen Weiler Lushes Bight, Beaumont und Beaumont-North weiterhin bewohnt. Am westlichen Ende der Insel beginnt der Beothuk Trail, ein gut ausgebauter Wanderweg mit langen Holzstegen und tollen Ausblicken über die Küstenlandschaft. Der Pfad ist rund 40 Minuten lang (Hinweg), mit einigen Steigungen. Es ist kein Rundweg, aber die Aussicht ist auch in entgegengesetzter Richtung fantastisch. Beim

Ausgangspunkt der Wanderung oberhalb des Dorfes Beaumont erklärt eine Schautafel die Geschichte der Beothuk, der einstigen Indigenen Newfoundlands, die leider zu Beginn des 19. Jahrhunderts ausgerottet waren. Im Jahr 1942 fanden der örtliche Lehrer und der Pfarrer in einer Bucht im Boden Gefäße aus Birkenrinde, die mit Wurzelsträngen zusammengehalten wurden, und 30 verzierte Amulette aus polierten Knochen. Sie stellten sich als Gegenstände der Beothuk heraus. Die geschützte Ausgrabungsstätte darf heute nicht mehr besucht werden.

INFO

Lage: Die Region Green Bay South liegt rund 90 Autominuten östlich vom Flughafen Deer Lake.

Anfahrt: Nach Robert's Arm und Triton nimmt man den Trans-Canada-Highway und dann NL-380 bei der Abzweigung South Brook. Vom TCH sind es etwa 30 bis 40 Minuten zur Fähre. Für den Fährhafen auf der linken Seite Ausschau halten nach dem Straßenschild Pilley's Island. Auf der NL-382 etwa sieben Kilometer bis zum Hafen fahren.

Aktivitäten

- Hazelnut Adventure Trail: beginnt nahe der bunten Seeschlangenskulptur am Dorfrand von Robert's Arm, gutes Schuhwerk wird für alle erwähnten Wanderungen empfohlen.
- Sperm Whale Pavilion: Anfang Juni bis Anfang September 10 bis 20 Uhr; Erwachsene 5 CAD; NL-380, Triton, Tel. +1 709 263 2145, *townoftriton.ca/visitors/local-attractions*

Unterkünfte:

- Robert's Arm Motel: vier einfache Studios mit kleiner Küche; Robert's Arm, Tel. +1 709 652 3478
- Blue Water Inn: 12 Main Street, Triton, Tel. +1 709 263 7382, *bluewater-triton.com*
- Zeltplatz und Einstellplätze für Motorhomes: NL-380, Robert's Arm, Tel. +1 709 293 0299, *crescentlakervpark.weebly.com*

23. King's Point: Walskelett, Wandern, Wasserfall

Die meisten Touristen, die auf dem Flughafen Deer Lake landen, fahren von dort in den bekannten Gros Morne National Park. In zwei Stunden könnte man aber auch eine sehenswerte, weniger besuchte Region erreichen: die Halbinsel Baie Verte. Im Dorf King's Point findet man das größte ausgestellte Skelett eines Buckelwals und einen Wanderweg mit über 2000 Holzstufen.

Walskelett in King's Point

Die Geschichte, wie das Walskelett in das kleine Fischerdorf King's Point kam, ist packend – und auch ein bisschen traurig: Ein weiblicher Buckelwal und ihr Kalb verfingen sich in einem Fischernetz für Krabben. Als die beiden entdeckt wurden, ging es der Mutter schon sehr schlecht. Sie starb noch, bevor sie befreit wurde, das Kalb dagegen wurde gerettet und schwamm davon. David Hayashida, Inhaber eines Souvenirladens und einer Töpferei in King's Point, hörte am Rundfunk von der Rettung und kontaktierte Dr. Jon Lien, den inzwischen verstorbenen Forscher, der bei der

Rattling Brook Wasserfall nahe King's Point

Befreiung des Kalbes half. Hayashida dachte, es wäre toll, wenn man den 50 Tonnen schweren Wal wenigstens in Skelettform erhalten könnte. Er warb bei der Regierung um finanzielle Unterstützung. Viele Einheimische halfen beim Projekt. Hayashida erinnert sich, dass die Knochen des Buckelwals so stark vom körpereigenem Öl getränkt waren, dass sie in Kisten mit Steinen beschwert werden mussten, als man sie ins Salzwasser der Bucht legte. Das Fleisch und Fett auf den Knochen wurde von Garnelen und anderen kleinen Tieren sauber abgenagt. Es dauerte allerdings neun Jahre und kostete 750.000 Dollar, bis das Skelett fertig präpariert und das Museum gebaut war.

King's Point liegt an einem langen, schmalen Meeresarm namens Green Bay. Das Museum steht an der Bucht, mit Aussicht auf das Wasser. Das riesige, fünfzehn Meter lange Skelett ist imposant. Es soll das längste Buckelwalskelett auf der Welt sein, das sich irgendwo in einem Museum befindet.

Im Meeresarm von King's Point tauchen nicht nur Wale auf, sondern auch Eisberge. Sie segeln bis weit in den Fjord hinein. Weil das Wasser nicht so tief ist, bleiben die Eisberge oft auf dem Grund

Landesteg in Rattling Brook

hängen, während sie an anderen Orten, je nach Strömung, rasch weiter treiben. Deshalb ist dieser Ort ein Geheimtipp für Eisbergfans geworden.

Wer lieber fließendes Wasser mag, sollte sich den Wasserfall in Rattling Brook ansehen, etwa zehn Minuten von King's Point entfernt. Das Wasser stürzt sich an diesem Ort rund 240 Meter über Felsen in eine Schlucht. Ein Holztreppensteg führt der Flanke entlang zu einer Aussichtsplattform, von der aus man schöne Fotos knipsen kann.

Für Wanderer mit guten Wadenmuskeln ist der Alexander Murray Trail grandios, ein Rundweg von acht Kilometern Länge. Man wird 2200 Holzstufen und einen Höhenunterschied von 335 Metern überwinden. Oben hat man eine atemberaubende Panoramasicht auf die Umgebung. Die Wanderroute lässt sich in drei bis vier Stunden bewältigen. Alexander Murray ist übrigens der erste Mensch, der eine geologische Landkarte von Newfoundland anfertigte.

Weniger anstrengend ist die Wanderung von Harry's Harbour zur Bucht King's Cove. Harry's Harbour ist rund 20 Minuten von King's Point entfernt, eine winzige Anhäufung von Häusern, unprätentiös und authentisch. Am Ende der Straße sieht man den Sea Stack im Wasser, einen erodierten Felspfeiler, vom Festland getrennt. Auf der anderen Seite des Dorfes beginnt ein Wanderweg, der zuerst der Küste entlang, dann durch Wald und Tundra an die verträumte Bucht von King's Cove führt. Mit etwas Glück kann man hier Karibus begegnen. Auf einem Seitenpfad (ein Schild weist den Weg nach ungefähr der Hälfte der Strecke) gelangt man zu einem Aussichtspunkt mit Sitzbank. Von hier sieht man weit über die Küste, die bewaldeten Hügel und über den Meeresarm hinweg zu langgestreckten Hügelketten am Horizont.

INFO

Lage: King's Point ist etwa eineinhalb Stunden oder 132 Kilometer vom Flughafen Deer Lake entfernt.

Anfahrt: Auf dem Trans-Canada-Highway bis zur Abbiegung nach Springdale, dann die NL-391 einschlagen.

Aktivitäten:

- Whale Pavilion: Anfang Juni bis Ende September, täglich 10 bis 16:30 Uhr; Erwachsene 6 CAD; 24A Bayside Drive, King's Point, Tel. +1 709 481 3006, *townofkingspoint.com*
- Alexander Murray Trail: Rundweg, mit einem Seitenpfad zu einem Wasserfall und einer Schlucht. Die Wanderung beginnt am Dorfeingang von King's Point beim Visitor Centre; *alltrails.com/de/trail/canada/newfoundland-and-labrador/alexander-murray-hiking-trail*

Unterkünfte:

- Windamere Log Cabins: gemütliche, rustikale Holzhäuschen mit kleiner Küche und zwei Schlafzimmern; 22 Main Street, Rattling Brook, Tel. +1 709 268 3863, *facebook.com/windamerelogcabins*
- By The Sea Inn (mit Restaurant): Kings's Port, Tel. +1 709 268 2181, *bytheseainnandcafe.ca*

24. Boden- und andere Schätze: Fleur de Lys, Baie Verte, Tilt Cove, Shoe Cove, La Scie

Im Norden der Halbinsel Baie Verte haben schon vor über 1600 Jahren die Ureinwohner Speckstein gewonnen und bearbeitet. Man kann noch heute ihren Steinbruch in Fleur de Lys sehen, als hätten die Menschen die Arbeitsstätte erst gerade verlassen. Im Städtchen Baie Verte gibt ein Minenmuseum einen interessanten Einblick in die jüngere Minengeschichte der Gegend. Gold und Kupfer wurden gefunden, aber auch Asbest abgebaut.

Wenn man sich für Geschichte der Inuit und Indianer in Newfoundland interessiert, ist die archäologische Stätte im Dörfchen Fleur de Lys ein Muss. Der Norden der Halbinsel Baie Verte weist ein reiches Specksteinvorkommen auf. Schon die frühzeitlichen Pre-Inuit haben den relativ weichen Speckstein für ihre Utensilien verwendet. Die Dorset-Paleo-Pre-Inuit schnitzten während rund 500 Jahren Schalen für Öllampen und große Kochtöpfe daraus. In Fleur de Lys kann man ganz nah an die Specksteinfelsen herangehen, in denen noch die Formen von Schalen erkennbar sind, die nicht fertiggestellt wurden. Es ist ein magisches Gefühl, die Stelle zu berühren, wo ein Mensch vor 1600 Jahren an einem Specksteingefäß arbeitete. Vor 4000 Jahren, noch vor den Dorset-Paleo-Pre-Inuit – die übrigens nicht die Vorfahren der modernen Inuit sind –, waren bereits die Angehörigen der Maritime-Kultur hier. Sie haben indes keine heute noch sichtbaren Spuren hinterlassen.

Specksteinbruch in Fleur de Lys

Fischer in Fleur de Lys

Specksteinbrüche, die während der frühzeitlichen Dorset-Kultur auf dieselbe Weise wie in Fleur de Lys genutzt wurden, gibt es nur eine Handvoll auf der Welt! Die offiziellen Ausgrabungen sind bei diesem sehr gut erhaltenen Steinbruch zwischenzeitlich abgeschlossen. Aber wenn Bewohner von Fleur de Lys ihre Kartoffelgärten umgraben, stoßen sie immer noch auf Pfeilspitzen und Scherben von Specksteinschalen. Im kleinen Museum neben dem Steinbruch kann man im Boden gefundene Werkzeuge und andere Fundstücke besichtigen. Schautafeln berichten von den Ausgrabungen und der Dorset-Paleo-Kultur.

Auf der Rückfahrt nach Baie Verte sieht man auf der linken Straßenseite eine kleine Plattform aus Holz. Es lohnt sich, kurz anzuhalten und von dort aus einen Blick auf die seit 2011 stillgelegte und mit einem Zaun gesicherte Asbestmine zu werfen, deren Abgrund sich mit Wasser gefüllt hat. Man sieht die Wände der Mine noch deutlich, eine fast gespenstische Erscheinung in der Landschaft.

Minenmuseum in Baie Verte

Im Minenmuseum des sonst unauffälligen Dorfes Baie Verte wird die Geschichte von weiteren Bergbaustandorten erzählt. Ein dunkler höhlenar-

Fischerschuppen in Shoe Cove

tiger Gang, in dem man die Enge eines Minenschachts nachfühlen kann, mündet in einer kleinen, aber aufschlussreichen Ausstellung. Hier sieht man Ausrüstungsgegenstände der Minenarbeiter, Gesteinsproben und historische Bilder aus der Vergangenheit.

Interessant und tragisch ist das Schicksal des kleinen Fischerdorfes Tilt Cove, in dem einst eine Kupfermine mehrere Hundert Leute beschäftigte. Es handelte sich um die erste Mine in Newfoundland überhaupt. Im März 1912 begrub eine Lawine einige Häuser des Ortes. Eine Mutter wurde mit ihrem Kleinkind begraben. Heute ist Tilt Cove, wo es einst für 1500 Bewohner sogar eine Kegelbahn und ein Kino gab, fast ausgestorben: Lange galt Tilt Cove als kleinste Gemeinde Kanadas. Nur noch zwei Leute leben dort, der

Friedhof in Shoe Cove

Gemeindevorsteher und seine Frau, die aber bald wegen der harten Winter wegziehen werden.

In Richtung Norden gelangt man auf der NL-414 nach Shoe Cove, einem kleinen Dorf, eingekesselt von Hügeln und in Hufeisenform um einen Teich gruppiert. In der engen Hafenbucht balanciert ein verwitterter Fischerschuppen prekär auf Stelzen in den steilen Uferfelsen. Von Shoe Cove ist es nicht mehr weit nach La Scie, einem betriebsamen Hafen für kommerzielle Fischerboote.

INFO

Lage: Im Norden und Nordosten der Halbinsel Baie Verte

Anfahrt: Auf dem Trans-Canada Highway bis zur Abzweigung der NL-410, Richtung Norden, nach Baie Verte fahren und dann weiter nach Fleur de Lys. Für La Scie nimmt man die NL-414 bis zum Ende, für Tilt Cove biegt man rund sechs Kilometer vor La Scie ab.

Aktivitäten:

- Baie Verte Peninsula Miner's Museum: Mitte Juni bis Anfang September Montag bis Samstag 9 bis 16 Uhr, Wochenende geschlossen; Erwachsene 2 CAD; 319 NL_410, Baie Verte, Tel. +1 709 532 8090, *townofbaieverte.ca/attractions.php*
- Fleur de Lys Dorset Museum: 1. Juni bis 30. September täglich 10 bis 17 Uhr; Erwachsene 3 CAD; 24 Dorset Trail, Fleur des Lys, Tel. +1 709 523 2126, *facebook.com/fdldorsetmuseum*

Unterkunft:

- Indian Falls Chalets: 344 Little Bay Road, Springdale, Tel. +1 709 486 8463, *indianfallschalets.com*

Hinweise:

- Wer Tilt Cove besuchen möchte, muss sechs Kilometer (Hinweg) auf einer wirklich holprigen Erdstraße zurücklegen.
- In La Scie und Fleur de Lys gibt es mehrere Wanderpfade.

25. Glamping und Gürtelfischer: Burlington, Springdale, Coffee Cove

Was geschieht, wenn ein bekannter kanadischer Komödiant in seinem Heimatdorf Öko-Tourismus fördert? Glamping in Burlington – luxuriöse Zeltunterkünfte am Meer. In Springdale dürfen Hobby-Ornithologen das Vogelparadies im Delta des Indian River nicht verpassen. Das Flussufer lädt auch zu einem schönen Spaziergang ein. Und nach Coffee Cove muss man schon des Namens wegen.

Shaun Majumder ist einer der bekanntesten Komödianten Kanadas. Er ist im kleinen Dorf Burlington aufgewachsen. Sein Vater stammt aus Indien und seine verstorbene Mutter war Newfound-

landerin. Majumder (1972 geboren) kaufte Land am Wasser in Burlington, um eine Ökotourismus-Lodge zu bauen. Seine Bemühungen und Fortschritte mit dem Projekt dokumentierte er in der humorvollen Fernseh-Reality-Show „Majumder Manor". Heute können Gäste in neun glamourösen Zelten mit festen Holzböden und Sonnenenergie übernachten, inklusive Kompostklo, Propangas und Frühstück (und manchmal auch Wale, Eisberge und Sternenhimmel). Die Waschgelegenheiten muss man teilen. Wer zum „Glamping" unbedingt eine heiße private Dusche braucht, kann ein romantisches Chalet mieten. Haustiere sind willkommen, aber Lärm in dieser Naturstille nicht, und aufs Internet muss man auch verzichten. Die Einkünfte aus den Öko-Behausungen fließen in die Gemeinde Burlington und in die Nachbardörfer Middle Arm und Smith's Harbour zurück.

Vogelparadies in Springdale

Indian River Falls in Springdale

In Burlington kann man auch den kleinen Leuchtturm im Dorf als Unterkunft ausprobieren. Eine schöne Sicht auf diesen Leuchtturm, die Bucht und Wasserschnellen hat man von der Straße aus. Es gibt Wanderwege und man kann Kajaks mieten.

Die Kleinstadt Springdale ist das Dienstleistungszentrum für die Region Green Bay South. Was den Ort auszeichnet, ist das 6000 Hektar große Mündungsgebiet des Indian River, ein Vogelparadies. Der Salzmarsch, der Übergang zwischen Ozean und Fluss, ist der Lebensraum für Fischadler (Pandian hallaetus), Gürtelfischer (Megaceryle alcyon) , Nordamerikanische Rohrdommeln (Botaurus lentiginosous), die gemeine Sumpfschnepfe und andere Vogelarten (unbedingt Fernstecher mitbringen!). Für Nicht-Ornithologen ist der Fußweg auf einem Holzsteg über die Salzwiese, auf dem Waldboden und dem beschaulichen Indian River entlang lohnenswert. Keinesfalls sollte man die Sicht auf die Wasserfälle (Indian River Falls) am Ende des Pfades verpassen. Wer nicht weit gehen will, kann beim George Huxter Memorial Park aussteigen und ist in wenigen Schritten bei der Lachsleiter und beim Aussichtspunkt für die Wasserfälle.

Lustiges Ortsschild

Newfoundland ist reich an erinnerungswürdigen Namen wie Dildo, Heart's Delight, Confusion Bay, Nicky's Nose Cove, Come By Chance oder Cupids.

Coffee Cove liegt an der NL-392 und ist leicht von Springdale aus zu erreichen. Der Ort wurde nicht etwa nach dem schwarzen Getränk benannt. Coffee ist ein einheimischer Familienname. Trotzdem ist ein Foto des Ortsschildes unumgänglich. In der Bucht selbst findet sich eine Handvoll Häuser, darunter das Coffee Cove Seaside Retreat. Ein traditionelles Newfoundlander-Haus aus dem Jahr 1890, das Baker House Cottage, und ein Chalet, das Lighthouse Cottage, können im Sommer von Touristen gemietet werden. Ein Café sucht man indes vergebens, dafür weiden Schafe in der abgeschiedenen Bucht.

INFO

Lage: Springdale ist rund 144 Kilometer in östlicher Richtung vom Flughafen Deer Lake entfernt.
Von Springdale nach Coffee Cove sind es 20 Kilometer.
Von Deer Lake nach Burlington sind es rund zwei Stunden Fahrzeit.

Anfahrt: Vom Trans-Canada Highway auf NL-410 und NL-413 nach Burlington, auf NL-390 nach Springdale und auf NL-293 nach Coffee Cove.

Hinweis: Von Burlington kann man die verlassene Siedlung Indian Burying Place mit einem Boot in 90 Minuten erreichen. Zu den Red Cove Falls Wasserfällen sind es 20 Minuten. Für Bootfahrten muss man Einheimische fragen.

Unterkünfte:

- The Lighthouse Inn: Übernachten im kleinen Leuchtturm; 11 Old Church Road, Burlington, AirBnB
- Komfortables Chaletzelten: Burlington, *omesweetome.com*
- Coffee Cove Seaside Retreat: 1 Main Road, Coffee Cove, Tel. +1 709 990 3360, *coffeecoveretreat.com*

Port au Port Peninsula, Stephenville, Bay of Islands, Burgeo

Hoodoos auf The Gravels Trail

Port au Port Peninsula, Stephenville, Bay of Islands, Burgeo

26. Bay of Islands: der Zauber von Lark Harbour und Bottle Cove
27. Stephenville und Umgebung: Felswürste, versteinerte Bäume und Hoodoos
28. Port au Port-Halbinsel: kühne Küstenstraße und französische Vorfahren
29. St. George's und Flat Bay: Museum und Powwow der Mi'kmaq
30. Burgeo und Ramea: überirdische Strände und verwunschene Inseln

26
Cox's Cove
Bottle Cove
Lark Harbour
Halfway Point
Corner Brook
Pasadena
Meadows
Steady Brook
Sankt-Lorenz-Golf
Blue Beach
Spruce Brook
Black Duck Brook
Fox Island River
Gallants
Three Rock Cove
28
Lourdes
27
Mainland
Jerrys Nose
Kippens
Stephenville
Grand Jardin
Stephenville Crossing
29
1
Loretto
29
St George's
Flat Bay
Fischells
Robinsons
Newfoundland
Highlands
Loch Leven
Codroy Pond
Coal Brook
Cape Anguille
Benoits Siding
Codroy
O'regan's
Searston
The Block
St Andrew's
Red Rocks
30
Grand Bay East
Channel-Port Aux Basques
Harbour le Cou
Burgeo
30
Diamond Cove
Isle Aux Morts
Cabotstraße
Ramea

26. Bay of Islands: der Zauber von Lark Harbour und Bottle Cove

Nur eine Stunde von Newfoundlands zweitgrößter Stadt Corner Brook entfernt verbirgt sich eine entzückende Ecke, die Bay of Islands genannt wird. Man findet hier Perlen wie das Dörfchen Lark Habour, die traumhafte Bucht von Bottle Cove und die traditionellen „Dories“, die leuchtend orangefarbenen Boote der Fischer.

Kaum hat man die Außenviertel und Satellitendörfer von Corner Brook auf der NL-450 hinter sich gelassen, wird es sehr ländlich und unverbaut. Man kann fast nicht glauben, dass die relativ kleine Distanz zur Stadt den Charakter der Siedlungen und der Landschaft kaum beeinträchtigt hat. Es bietet sich an, zuerst auf direktem Weg bis ans Ende der Straße nach Lark Harbour zu fahren.

Lark Harbour

Lark Harbour wirkt immer noch authentisch und einfach. Die Lage des langgezogenen Dorfes ist sehr schön: Rundliche Hügel, die wie Katzenbuckel aussehen, rahmen die idyllische Bucht ein, um die sich auf der einen Seite kleine Häuser scharen. In der Bucht sieht man mehrere Inseln, von denen die Bay of Islands ihren Namen hat. Man sollte sich Zeit für einen Spaziergang der Straße entlang nehmen und von der Terrasse des Restaurants Captain Cook`s Galley oder Mirtle`s on the Bay die schöne Aussicht genießen.

Von Lark Harbour nimmt man die Little Port Road nach Bottle Cove. Nach zehn Minuten hat man die bildhübsche sandige Bucht mit einer zwei Kilometer langen, leichten Rundwanderung erreicht. Die Ausblicke vom Pfad auf die Küstenfelsen und auf die vorgelagerten Inseln sind großartig. Zuerst spaziert man auf einem Plankenweg den Strand entlang, später verläuft der Pfad durch kurze Waldstücke und offenes Gelände. An Stellen, wo man verweilen möchte, findet man Sitzbänke vor. Der Wanderweg endet bei einem Denkmal für Captain James Cook (1728 bis 1779), der als erster im Jahr 1767 diese Gegend mit allen Inselchen und Meeresarmen kartografiert hat. Seine Karten waren so genau, dass man sie heute noch verwenden könnte.

Sicht auf Bottle Cove

Eine weite Aussicht über die zerklüfteten Klippen, die Hügel und Inseln hat man vom Southhead Lighthouse Trail, einem Pfad, der

Hafen von Little Port

Traditionelle Boote, Dory genannt, in Frenchman's Cove

ebenfalls beim Parkplatz in Bottle Cove beginnt. Der 3,5 Kilometer lange Weg steigt rasch in die Höhe, zuerst durch Wald, dann durch niedrige Vegetation, bis man einen Punkt erreicht, wo man rasten kann. Von dort ist die Sicht auf den Ozean, den Golf von St. Lawrence und die Küste fantastisch. Zurück geht es auf demselben Pfad. Für die teilweise steile Wanderung braucht man drei bis vier Stunden. Bevor man zurückfährt, sollte man Little Port aufsuchen, einen hübschen kleinen Hafen mit Klippen auf beiden Seiten.

Außerhalb von Lark Harbour findet man den Blow Me Down Provincial Park. Der Name rechtfertigt sich mit den starken Winden auf den Hügelkuppen. Hier bezahlt man eine kleine Gebühr für den Eintritt mit Auto; eine Wanderkarte erhält man vom Parkpersonal. Ein Holzstufenweg führt zu einer Aussichtsplattform. Belohnt wird man oben mit einem 360-Grad-Panorama. Auf einer Treppe (Governor's Staircase) geht es zurück. Auf dem Rückweg hinunter zum Strand kann man 450 Millionen Jahre altes vulkanisches Gestein sehen. Die Wanderung dauert rund eine Dreiviertelstunde hin und zurück.

Wanderweg in Bottle Cove

Eine noch kürzere und leichtere Wanderung von zehn bis 15 Minuten führt zum einem Wasserfall, den Copper Mine Falls. Entlang des Wegs liegen alte Bergwerksmaschinen. Der Parkplatz zum Pfad liegt rund sechs Kilometer außerhalb von York Harbour.

Folgt man der Straße Richtung Corner Brook, kommt man zum Weiler Frenchman's Cove. Dort entdeckt das Auge sofort die bunten offenen Boote, „dory" genannt. Sie sind typisch für die Bay of Islands. Diese traditionellen Holzboote mit Außenbordmotor sind leuchtend orange mit grünen Akzenten bemalt. Orangefarbene Boote sind bei Notfällen leichter auf dem Ozean zu entdecken. Die örtlichen Fischer sind immer für einen Schwatz zu haben.

INFO

Lage: Lark Harbour ist rund 50 Kilometer oder eine Autostunde von der Stadt Corner Brook entfernt.
Von Lark Harbour nach Bottle Cove und Little Cove sind es fünf Kilometer oder zehn Minuten. York Harbour liegt sechs Kilometer vor Lark Harbour.

Anfahrt: Auf der NL-450, die die Bay of Islands erschließt.

Aktivitäten:

- Four Season Tours: mehrstündige Boottouren von Cox's Harbour aus. Beobachtung von Weißkopfadlern und anderen Tieren, Fischfang und „Boil Up", das Kochen und Essen von Meeresfrüchten und Schalentieren unter freiem Himmel; *fourseasonstours.ca*

Unterkunft:

- Captain Cook Bed and Breakfast: Zimmer und Chalets, Bootstouren; 69 Main Street, York Harbour, Tel. +1 877 681 2906, *captaincookbb.ca*
- Camping im Blow Me Down Provincial Park: nahe Lark Harbour; *parksnl.ca/parks/blow-me-down-provincial-park*

Hinweis: Für die Wanderungen gutes Schuhwerk und passende Bekleidung mitbringen. Es kann windig sein; *yorkharbourlarkharbour.com/Trails.htm*

27. Stephenville und Umgebung: Felswürste, versteinerte Bäume und Hoodoos

Newfoundland wird nicht umsonst „The Rock" genannt. Die felsige Insel ist eine Fundgrube für Geologen. Auch für Laien öffnet sich eine faszinierende Welt. Hier drei Kostproben: rote Felsen in bizarren Formationen in St. George's, versteinerte Bäume in Stephenville und Hoodoos auf dem wunderschönen Wanderpfad The Gravels.

300 Millionen Jahre alte Bäume als Versteinerungen berühren zu können, ist etwas ganz Besonderes. In einem kleinen Fluss nahe der Stadt Stephenville ist das problemlos möglich. Ein Fußweg führt dem Blanche Brook entlang, teilweise durch einen lichten Wald. Nach rund einem Kilometer erreicht man einen Zugang zum Flussbett. Je weniger Wasser, umso besser kann man die Versteinerungen, Teile einstiger Baumstämme, nahe beim Ufer sehen. Einst waren diese Bäume fast 50 Meter hoch, mit langen Stämmen und einer hohen Blätterkrone. Die Bäume wuchsen am Ufer eines Flusses. Einige fielen während einer Überflutung ins Wasser. Die schwarze Farbe entstand während der Versteinerung und hat nichts mit einem Brand zu tun. Weitere Fossilien entdeckt man flussaufwärts, wenn man über größere Steinbrocken klettert.

Versteinerte Baumstämme

Weniger bekannt sind die roten natürlichen Felsskulpturen in St. George's, einem Dorf in der Umgebung von Stephenville. Um sie zu finden, muss man den Sunset Trail abschreiten, einen Fußpfad am Ufer. Nach etwa zehn Minuten gibt es eine Öffnung im Gebüsch, durch die man zum Sandstrand hinuntergehen kann. Dort ragen skurrile rote Felsformationen wie Barrieren ins Wasser. Eine sieht aus wie eine verknotete Wurst, eine andere wie Dinosaurierkrallen. An heißen Tagen lädt der schöne Sandstrand zum Baden ein.

Rote Felsformationen in St. George's

Auf der anderen Seite von Stephenville, am Eingang zur Port-au-Port-Halbinsel, wartet ein weiteres geologisches Phänomen auf: sogenannte Hoodoo-Felsen, Steintürme, die durch Erosion, sei es Wind, Regen oder fließendes Wasser, ihre interessante Form erhielten. Die Hoodoos sieht man auf dem Wanderpfad The Gravels.

Hoodoos am The Gravels Trail

Die gerundeten Pfeiler erinnern an riesige Steinmännchen oder Dosen mit aufgeblähten Deckeln. Diese Kalksteinfelsen sind rund 470 Millionen Jahre alt. Geübte Augen können auf manchen der glatten Felsoberflächen Fossilien entdecken.

Bucht entlang The Gravels Trail

The Gravels wird der Isthmus genannt, der die Port au Port Peninsula und das Festland von Newfoundland verbindet. Man kann dort gut parken. Die Wanderung auf dem Gravels Trail ist auch ohne die Hoodoos wunderschön. Der Pfad windet sich um Buchten und Küstenvorsprüngen entlang, sodass man immer wieder von neuen Blickwinkeln überrascht wird. An sonnig-warmen Tagen wirken die Umgebung und die Vegetation fast mediterran, das Wasser grün und klar. Zu manchen Stränden kann man absteigen. Oben laden Sitzbänke zum Rasten ein. Der Pfad ist 3,5 Kilometer lang (Hinweg) und bequem zu gehen. Eine ausgeschilderte Abzweigung führt zu einer Kirche und einem Museum mit Tearoom hoch, die beide einen Besuch wert sind. Die 1925 fertiggestellte katholische Kirche Our Lady of Mercy ist der größte Holzbau in Newfoundland und Labrador. Im Ortsmuseum daneben erfährt man zum Beispiel, dass die Beothuk diese Gegend früher „Aguathuna" oder Weißer Stein (wegen des Kalksteins) nannten.

Von der Kirche kann man wieder zum Wanderpfad zurückkehren, der im flachen Gelände einer verlassenen Gipsmine mündet. Das ist zwar ein Kontrast zur wildromantischen Küstenlandschaft, aber irgendwie faszinierend: Das Gelände sieht aus wie die Kulisse eines Weltzerstörungsfilms, mit industriellem Maschinenmüll, riesigen rostigen Überbleibseln, einer Gruppe enthaupteter Betonpfeiler und großen weißen Kalksteinhaufen. Die Geschichte der Mine, die im Jahr 1911 eröffnet wurde, ist ebenfalls im Ortsmuseum dokumentiert.

INFO

Lage: Stephenville ist eine Stunde oder 82 Kilometer von Corner Brook entfernt. Von Stephenville sind es 20 Minuten nach St. George's und fünfzehn Minuten zum The Gravels Trail.

Anfahrt: Auf dem Trans-Canada Highway in südlicher Richtung von Corner Brook nach Stephenville.
Von dort nach St. Georges auf NL-490 und NL-461.
Zu den versteinerten Bäumen (Petrified Forest) am Blanche Brook folgt man von der Queen Street in Stephenville auf NL-460 rund 250 Meter in die nordöstliche Richtung. Der Anfang des Pfades befindet sich nahe der Flussbrücke.
Es gibt Platz zum Parken und eine Informationstafel. Zum Gravels Trail fährt man von Stephenville auf der NL-490 bis zur Landbrücke der Port-au-Port-Halbinsel.

Aktivitäten:

- Our Lady of Mercy Church & Museum: Mitte Mai bis Mitte September täglich 10 bis 17 Uhr, Eintritt 10 CAD; Main Street, Aguathuna (Port au Port West); Tel. +1 709 648 2439, *ourladyofmercynl.com*

Unterkunft:

- Dreamcatcher Lodge: 14 Main Street, Stephenville, Tel. +1 709 643 6655, *dreamcatcherlodgenl.ca*

Hinweis: Fossilien dürfen bewundert und fotografiert, aber nicht mitgenommen werden.

28. PORT AU PORT PENINSULA: KÜHNE KÜSTENSTRASSE UND FRANZÖSISCHE VORFAHREN

Diese kleine Halbinsel ist reich an landschaftlicher Schönheit und einer Geschichte, die von der Ankunft der Französisch sprechenden Akadier im 18. Jahrhundert geprägt ist. Vorher haben schon die Mi'kmaq First Nations diese Gestade zum Fischen aufgesucht. Die Port-au-Port-Halbinsel ist seit 1971 offiziell die einzige zweisprachige Gegend in Newfoundland.

Toller Ausblick auf die Küste

Eine 161 Kilometer lange Küstenstraße umrundet die Port au Port Peninsula, und die Fahrt mit den vielen Ausblicken ist bei schönem Wetter ein wahres Vergnügen. Man möchte ständig anhalten, um die beeindruckenden Klippen und die einfachen Häuschen über dem glitzernden Ozean zu fotografieren. Schlagen Sie die Straße in Richtung Cape St. George ein. Der erste Halt ist in Sheaves Cove. Das Gelände ist privat, aber die Eigentümer laden auf einer Tafel Besucher ein, zu einem Wasserfall (The Hidden Falls) in der Nähe zu spazieren. Ein zweiter Pfad führt zu interessanten Felsformationen am Strand. Beide Wege sind kurz.

Auf der Weiterfahrt bemerkt man die französischen Ortsnamen wie Point-à-Luc, Ruisseau Rouge oder De Grau. Früher gab es

Klippen entlang dem Oceanview Drive

zwei Wellen von Französisch sprechenden Einwanderern: Im 18. Jahrhundert kamen Akadier aus Cape Breton in Nova Scotia hierher. Im 19. Jahrhundert verließen französische Fischer die Boote ihrer Arbeitgeber und siedelten sich auf der Halbinsel an. Im Laufe der Zeit verdrängte die englische Sprache jedoch das französische Erbe. Seit den 1960er-Jahren bemühen sich die Nachfahren, Sprache und Kultur wiederzubeleben.

Boutte du Cap ist der östlichste Punkt auf der Halbinsel: In diesem Park steht ein traditioneller französischer Brotofen. Daneben erinnert ein Monument an die frühen Akadier. In wenigen Schritten hat man einen erstklassigen Blick auf die hohen, steilen Klippen. Zwei Kolonien von Dreizehenmöwen (englisch Kittiwake) nisten hier. In Cape St. George erhält man in einem Museum Einblick in die Geschichte der örtlichen Mi'kmaq.

Etwa drei Kilometer außerhalb von Cape St. George stürzte 1944 ein Flugzeug – eine viermotorige C-54 – mit achtzehn US-Soldaten ab. Nur sechs überlebten. Die Unglücksmaschine war auf dem Weg zur Ernest Harmon Air Force Base, einem amerikanischen Luftwaffenstützpunkt in Stephenville, der während des Zweiten Weltkriegs gebaut wurde. Man kann zur Absturzstelle in einer Waldlichtung gehen, wo immer noch zahlreiche rostige Wrackteile herumliegen. Schilder nahe der NL- 463 erzählen vom Schicksal der Soldaten.

Auf der Fahrt nach Mainland (oder La Grand'Terre) ändert sich die Landschaft, sie wird steiniger und wilder, da sich die Straße

Das Dörfchen Mainland

zunächst von der Küste entfernt. Der Blick wird frei auf Wälder und Seen tiefer unten. Dann fällt die Straße ab, bis sie in Mainland wieder die Küste erreicht, wo die Häuser hell in der Sonne glänzen. Hier ist es von der Lage und Atmosphäre her beinahe lieblich. An Holztischen im Gemeindepark lässt es sich gemütlich picknicken (ein Tearoom ist gleich daneben), mit Blick auf den Golf von St. Lawrence und die vorgelagerte Insel Red.

Der Stolz der Bewohner auf die französischen und First-Nations-Wurzeln zeigt sich im kleinen Dorfmuseum (Sisters' Dream School Museum), in dem auch ein alter Klassenraum mit Mobiliar und Holzofen konserviert wurde. Wer nicht genug davon kriegen kann, findet in der Gemeinde Winterhouses (Maisons d'Hiver) eine restaurierte Schule aus dem Jahr 1942, die nur aus einem Raum besteht. Selbst die Freiluft-WCs sind erhalten. Auf der Weiterfahrt sieht man immer wieder Fischer in kleinen Buchten und auf Kieselstränden, die ihre Netze zum Trocknen ausbreiten oder die selbst gebaute Holzrampe für ihre kleinen offenen Boote ausbessern.

Fischer flickt die Bootrampe

In L'Anse-à-Canards (Black Duck Brook) führt eine Straße nach Blue Beach und Long Point. Ein guter Ort, um Küstenseeschwalben zu beobachten. Bei der Siedlung Piccadilly sind am Strand Felsen mit der Struktur einer Roulade zu entdecken. Am besten fragt man in Oliver's Restaurant (Tel. +1 709 642 5178), nach dem Weg zu „The Folded Rocks".

INFO

Lage: Die Halbinsel ist etwa eine Viertelstunde von der Stadt Stephenville entfernt.

Anfahrt: Auf der NL-460 von Stephenville bis Mainland, dann auf der NL-463 von Mainland bis Abrahams Cove. In Sheaves Cove zweigt man von der NL-460 ab und am Haus der Fischer/Eigentümer vorbei zur Bucht hinunter. Dort sind die Wanderwege angezeigt. Für den Park Boutte du Cap verlässt man die NL-460 (Oceanview Drive), biegt auf die Seashore Lane ein und fährt auf einer Erdstraße zum Parkeingang.

Aktivitäten:

- Sinnvoll ist es, im Uhrzeigersinn um die Halbinsel zu fahren, um die Landschaft am besten zu genießen.
- Wer sich im August dort aufhält, sollte sich über jährliche Folk-Festivals mit traditioneller Musik und Tänzen in Cape St. George und Black Duck Brook informieren. In Cape St. George befindet sich eine Touristeninformation im Gemeindehaus.
- Im Park Boutte du Cap werden im französischen Ofen von Montag bis Freitag zwischen 12 und 14 Uhr Brote gebacken, die man kostenlos degustieren darf.
- Mainland Cultural and Heritage Centre: Anfang Juli bis Ende August täglich 11 bis 17 Uhr; Erwachsene 10 CAD; 268 Islandview Road, Tel. +1 709 642 5361, *facebook.com/mainlandnl*
- Sisters'Dream School Museum: 1. Juli bis 1. September täglich 11 bis 17 Uhr, Erwachsene 2 CAD; 270 Island View Road, Tel. +1 709 642 5361
- Mi'kmaq Museum: das ganze Jahr offen, 9 bis 16:30 Uhr; freier Eintritt; Tel. +1 709 272 2085, 811 Ocean View Drive, Cape St. George, *benoitfirstnation.ca/bfn_mikmaq_centre.html*

Unterkünfte:

- Inn at the Cape: 1250 Oceanview Drive, Cape St. George, Tel. +1 709 644 2273, *innatthecape.com*
- Camping im Piccadilly Park

29. ST. GEORGE'S UND FLAT BAY: MUSEUM UND POWWOW DER MI'KMAQ

Neben den ausgerotteten Beothuk haben sich auch die Mi'kmaq in Newfoundland niedergelassen. Als Jäger und Fischer kamen sie in Kanus aus Nova Scotia und haben einige Küsten der Insel besiedelt. Der Stamm nennt sich heute Qalipu (was Karibu heißt) und hat für Tausende von Newfoundlandern mit Mi'kmaq-Vorfahren Anerkennung und finanzielle Unterstützung durch die kanadische Regierung erkämpft.

Gruppe von Mi'kmaq an Powwow in Flat Bay

Die Geschichte der Mi'kmaq in Newfoundland unterscheidet sich vom Schicksal anderer Indigener im restlichen Kanada. Da Newfoundland erst 1949 als zehnte Provinz Teil von Kanada wurde, unterstanden die örtlichen Mi'kmaq bis dahin nicht dem Indian Act, einem alten Gesetz, das die Verantwortung für Kanadas Indigene in die Hände der kanadischen Regierung legt. Es gab in Newfoundland auch nie Residential Schools für Kinder, jene berüchtigten, von Kirchen geführten Zwangsinternate. Man kann all das im kleinen, gut gestalteten Museum des Dorfes St. George's, das 45 Autominuten von Corner Brook entfernt ist, auf Informationstafeln nachlesen. Im 18. Jahrhundert verstanden es die Mi'kmaq in Newfoundland, sich im Kolonialkrieg um die Vorherrschaft in Nordamerika mit den französischen Siedlern zu verbünden. Sie kämpften für den französischen König gegen die Briten, trieben Handel und vermischten sich mit den Weißen. Während die Beothuk von eingeschleppten Krankheiten und durch die Hand europäischer Siedler ausgerottet wurden (siehe Tipp 21), überlebten die Mi'kmaq die Kolonialisierung.

Familie wartet auf ihren Tanz

Im Museum von St. George's findet man Zeugnisse ihrer wechselreichen Geschichte und Gegenstände ihrer einstigen Lebensweise. Wer möchte, wird auch einer Reinigungszeremonie mit dem Rauch einer brennenden Mischung von Salbei, Bisongras (auch Mariengras genannt), Tabak und Zedernholz unterzogen. Oder man wird in das traditionelle Tischspiel „Waltes" eingeführt, mit dessen Hilfe die Mi'kmaq früher Konflikte untereinander schlichteten.

St. George's hieß einst Seal Rocks und war eine wichtige Siedlung der Mi'kmaq. Noch heute machen diese mehr als die Hälfte der Bevölkerung des kleinen Dorfes aus. Auf vielfältige Weise versuchen sie, die Traditionen ihrer Vorfahren wiederzubeleben. So findet im Juli ein jährlicher Powwow in der Nachbargemeinde Flat Bay statt, etwa 15 Autominuten von St. George's entfernt. Es gibt größere Powwows in Newfoundland, etwa im Reservat von Conn River im Südosten Newfoundlands. Aber der drei Tage dauernde Powwow von St. George's-Flat Bay ist fast familiär und stimmungsvoll. Nicht-indigene Besucher werden freundlich willkommen

Grastanz am Powwow

Tänzer am Powwow

geheißen. Das Programm kann etwa so aussehen: Am ersten Tag des Powwow gibt es Einführungen für Jugendliche und Kinder in die Kultur des eigenen Stammes, auch Trommel- und Tanzlektionen. Am zweiten Tag treffen sich Tänzer und Würdenträger: Häuptlinge, aber auch hohe Vertreter der Politik, der nationalen Polizei RCMP und Armeeangehörige. Sie werden alle beim Grand Entry, dem feierlichen Einzug der einzelnen Gruppen in das Rund der Freiluftarena, mit Namen vorgestellt. In der Mitte der Arena sitzen die Trommler und Sänger. Dann gibt es verschiedene Tanzrunden: traditionelle Tänze wie der Grastanz oder ein Tanz zu Ehren eines verstorbenen Stammesmitgliedes, der Freundschaftsreigen, ein Tanz für Kinder, der Jingle-Tanz (an den Kostümen sind Schellen befestigt) oder ein freier Tanz, bei dem alle mitmachen können, auch Touristen. Wenn ein Teilnehmer Federn verliert, dann gibt es ein Ritual dafür, denn eine verlorene Feder symbolisiert einen Kameraden, den man zurücklassen musste. Die Kostüme der Tanzenden sind fantasievoll und bunt, teils traditionell, teils nach eigenen Ideen genäht.

Nach sechs Stunden werden die Flaggen eingeholt und alle Teilnehmer gratis verköstigt. Am dritten Tag wiederholt sich dieses Programm. Die indigenen Besucher nehmen auch an einem Reinigungsritual in der Sweat Lodge teil, einer dunklen, niedrigen

Behausung mit einem Feuer in der Mitte, oder an der Sonnenaufgangszeremonie. Wenn man die Gelegenheit hat, sollte man unbedingt einen Powwow besuchen.

INFO

Lage: St. George's liegt rund 45 Autominuten von Corner Brook entfernt.

Anfahrt: Auf dem Trans-Canada Highway von Corner Brook in südlicher Richtung. Nach rund 70 Kilometern auf die NL-461 abbiegen und ihr bis zum Ufer der Bucht folgen.

Um nach Flat Bay West zu gelangen, fährt man wieder auf den Trans-Canada Highway zurück, setzt die Fahrt etwa zehn Minuten in südlicher Richtung fort und nimmt die Ausfahrt rechts auf die NL-403.

Aktivitäten:

- K'Taqmkuk Mi'kmaw Cultural Historic Museum: Ende Juni bis Ende September täglich 10 bis 16:30 Uhr; Eintritt 5 CAD; 183 Main Street, St. George's, *museumsnl.ca/business/ktaqmkuk-mikmaw-museum*
- Ein Spaziergang am roten Sandstrand von St. George's lohnt sich.

Restaurants: Gibt es erst in der nahen Stadt Stephenville (etwa 20 Autominuten entfernt).

Unterkunft:

- Razoolies Inn: 120 Carolina Avenue, Stephenville, Tel. +1 709 283 2377, *razooliesinn.ca*

Hinweise:

- Beim Powwow ist Fotografieren und Filmen grundsätzlich erlaubt, aber es gibt Ausnahmen für spirituelle Zeremonien und Tänze, die jeweils vom Moderator angekündigt werden.
- Während des Powwows kann man das Motorhome oder den Camper kostenlos auf dem Gelände parken.

Website: *facebook.com/groups/36825142343/*

30. Burgeo und Ramea: Überirdische Strände und verwunschene Inseln

Das Dorf Burgeo ist einer jener Orte, den es immer noch zu entdecken gilt, obwohl sich in seiner unmittelbaren Nähe ein landschaftlicher Superlativ befindet: Die lachsfarbenen Strände und Sanddünen im Sandbanks Provincial Park sind fast überirdisch schön. Von Burgeo aus nimmt eine Fähre Kurs auf die kleine, immer noch bewohnte Northwest Island mit der exotisch anmutenden Siedlung Ramea.

Bereits auf der langen, einsamen Straße nach Burgeo, die vom Trans-Canada Highway abzweigt, taucht man in die wundersame Welt ein, die den Charme von Burgeo ausmacht. Auf der Fahrt besteht eine große Chance, Karibus oder Füchse zu sehen, manch-

Sicht auf Burgeo

mal recht nahe. Die 146 Kilometer lange asphaltierte Straße, die erst 1979 gebaut wurde, schlängelt sich durch eine faszinierende Landschaft, die immer mehr zur steinigen Tundra wird. Knorrige Bäume tauchen bald nur noch in kleinen Gruppen auf. Große Steinbrocken sind über felsige Kuppen und blau schimmernde

Sonne auf dem Sandbanks Provincial Park

Tümpel gesprenkelt, als hätte sie jemand mit der Hand wie Konfetti ausgesät.

In Burgeo leben rund 1600 Menschen. Der Name stammt vom Wort „virgio“, den die portugiesischen Fischer dem Ort im 17. Jahrhundert gaben. Schon viel früher allerdings hielten sich die Dorset-Pre-Inuit hier auf, was Ausgrabungen nachwiesen.

Eine großartige Rundsicht auf das Dorf und die Umgebung hat man von einer Plattform aus. Der Treppenaufgang dazu befindet sich gegenüber der Pension „Burgeo Haven Inn on the Sea“. Von hier sieht man die Inseln, die die Bucht von Burgeo dekorativ umrahmen.

Wer nach Burgeo kommt, der kann es bestimmt nicht erwarten, den Sandbanks Provincial Park zu sehen. Die weiten Strände, begrenzt von natürlichen rötlich weißen Felsbrocken, betören mit ihrem hellen Sand und den begrasten Dünen. Der weiche Sand verlockt sofort dazu, Schuhe und Socken auszuziehen und dem weißen Wellensaum entlang zu spazieren. Insgesamt sind die Sandstrände sieben Kilometer lang. Mehrere Fußpfade und Holzstege verlaufen durch Wiesen und Waldstücke. Von erhöhten Aussichtspunkten dehnt sich der Blick auf alle Seiten aus, auf den Ozean, die Buchten und Inseln, und auf der anderen Seite des Parks auf eine großartige Tundralandschaft. Vogelbeobachter

Sandbanks Provincial Park

treffen hier Wasserläufer, Enten und Gänse an, und die gefährdeten Gelbfuß-Regenpfeifer nisten in diesem Park. Viele Meeresvögel suchen auch die der Küste vorgelagerten Inseln auf ihren Zugrouten auf und bleiben hier im Herbst und Winter.

Northwest Island ist mit einer Autofähre, der „M.V. Gallipoli", in eineinhalb Stunden zu erreichen. Die dortige Siedlung Ramea, wahrscheinlich etwa 300 Jahre alt, war einst ein wichtiger Standort für die Fischerei. Wenn sich die Fähre der Insel nähert und die bunten, kleinen Häuser und Fischschuppen auf dem felsigen Untergrund in Sicht kommen, fühlt man sich Lichtjahre weg vom Trubel der modernen Zeit. Entlang der Straßen stechen altmodische Telefonmasten wie Stacheln in den Himmel. Am Horizont bemerkt man indes überrascht hohe Türme: Es sind Windmühlen.

Das Eiland ist nur rund drei Kilometer breit und knapp einen Kilometer lang. Wie in Burgeo gibt es auch hier eine Aussichtsplattform, auf dem Man O'War Hill, einer Anhöhe, von der man eine fantastische Aussicht hat. Ein gemütlicher, rund zwei Stunden langer Holzbohlenrundweg führt an der Küste entlang, unter anderem zu einem 100 Jahre alten Leuchtturm. Auf Besucher übt Ramea bei einem Spaziergang durchs Dorf einen eigentümlichen Zauber aus, weil alles so exotisch und friedvoll wirkt. Aber die meisten Leute fristen hier eine schwieriges Dasein. Nach dem Niedergang der Kabeljaufischerei fiel die Zahl der Einwohner von einst 1120 auf weniger als 500. Eine kleine entlegene Insel bedeutet aber auch Geborgenheit und Freiheit. Manchmal brauchen indes selbst die Menschen von Ramea Abwechslung. Etwa 100 Kilometer außerhalb von Burgeo trifft man beidseits der Straße auf eine wilde Ansammlung von Wohnmobilen und Holzhüttchen. Hier, am Peter Strides Pond, verbringen die Bewohner von Ramea ihre Wochenenden, wenn ihnen auf der kleinen Insel die Decke auf den Kopf fällt.

Autofähre nach Ramea

INFO

Lage: Burgeo ist rund 180 Kilometer oder 2,5 Autostunden von der Stadt Stephenville entfernt.

Anfahrt: Vom Trans-Canada Highway nimmt man etwa 60 Kilometer südlich von Corner Brook oder 155 Kilometer nördlich von Port aux Basques die NL-480 (auch Caribou Trail genannt). Autofähre nach Ramea: Fahrplan auf *gov.nl.ca/ti/ferryservices/schedules/l-ramea*. Man braucht das Auto jedoch nicht von Burgeo nach Ramea mitzunehmen, denn auf der Insel ist alles bequem zu Fuß zu erreichen.

Aktivitäten:

- Ramea Heritage Centre: Das Dorfmuseum dient auch als Touristeninformation; Auskunft Tel. +1 709 625 2280, 5 Church Street, Ramea, *facebook.com/rameaislandheritagecentre*

Unterkünfte:

- Burgeo Haven Inn on the Sea: 111 Reach Road, Burgeo, Tel. +1 709 886 2544, *burgeohaven.com*
- Four Winds Inn: fünf private Gästezimmer, das ganze Jahr offen, Tel. +1 709 625 2002, auch Vermietung von Kajaks, *fourwindsinn.ca*

Die Nördliche Halbinsel

Thromboliten in Flowers Cove

Die Nördliche Halbinsel

31. Trout River: am stillen Rand des Gros Morne National Park
32. Cow Head: Dorf mit Vergangenheit
33. Lachsbeobachtung: Interpretationszentrum und Fischtreppe in Hawke's Bay
34. Thromboliten in Flowers Cove: uralte Steine, von winzigen Lebewesen gebaut
35. Conche: handgestickter Wandteppich und Wanderung zum Glasloch
36. Fischerdorf Englee: wie eine Oase am Meer

Labrador
QUÉBEC
Red Bay
Pinware
L'anse Au Loup
Cape Norman
Big Brook
Straitsview
St Lunaire-Griquet
St Carols
L'Anse-au-Clair
Green Island Cove
Eddies Cove
Blanc-Sablon
34
Flowers Cove
St. Barbe
St. Anthony
Goose Cove
Main Brook
Blue Cove
Grandois
Croque
New Ferolle
Bartlett's Harbour
Castors River
35
Roddickton
Conche
36
Barr'd Harbour
Englee
Port au Choix
Port Saunders
33
Spirity Cove
River of Ponds
Hawke's Bay
Atlantischer Ozean
Sankt-Lorenz-Golf
NEWFOUNDLAND AND LABRADOR
Bellburns
Daniel's Harbour
Portland Creek
Newfoundland
Fleur De Lys
Parson's Pond
32
Cow Head
Coney Arm
Seal Cove
White Bay
Pacquet
La Scie
Baie Verte
Round Harbour
Nippers Harbour
St Pauls
Jackson's Arm
Gulls Marsh
Pollards Point
Westport
Sally's Cove
Rocky Harbour
31
Norris Point
King's Point
Pilley's Island
Bayside
Trout River
Springdale
Sheppardville
Wiltondale
1
Cormack
Reidville
Deer Lake
Cox's Cove
Howley
Pynns

31. Trout River: am stillen Rand des Gros Morne National Park

Man erreicht das Fischerdorf Trout River auf einer ansteigenden Straße, die auch zum Discovery Centre führt, der lehrreichen Ausstellung des Gros-Morne-Nationalparks. Die Straße durchquert eine grandiose Landschaft, die karg und trocken auf der einen Straßenseite und üppig grün auf der anderen Seite ist. In Trout River gibt es einen hübschen Fischerhafen und interessante Wanderwege.

Mündung des Flusses Trout

Trout River liegt an der Mündung eines Flusses, der sich in eine halbmondförmige Bucht ergießt. Von hier aus fahren immer noch Fischer mit ihren Booten auf den Nordatlantik hinaus und kommen mit Hummer, Kabeljau oder anderen Meerestieren zurück.

In Trout River mit seinen 550 Menschen findet man einen schönen Sandstrand und eine kurze Strandpromenade. Dorfläden verkaufen Strickwaren, die an schönen Tagen an Wäscheleinen baumeln: Handschuhe, Socken, Mützen, Kinderkleider. Es gibt hier auch das für Meeresfrüchte bekannte Seaside Restaurant und zwei kleine Dorfmuseen.

Um die fantastische Lage von Trout River von einem höheren Punkt aus zu genießen, begibt man sich am besten auf zwei kurze, leichte Wanderwege (siehe Infokasten).

INFO

Lage: Trout River ist 85 Kilometer oder 75 Minuten vom Flughafen Deer Lake entfernt. Von Woody Point sind es 20 Kilometer oder 20 Minuten.

Anfahrt: Auf der NL-430 (Viking Trail) von Deer Lake bis nach Wiltondale, hier links auf die NL-431 abbiegen und bis zum Ende der Straße fahren.

Aktivitäten:

- Eastern Point Trail (2,4 Kilometer Hin- und Rückweg): Die Wanderung startet bei der Kreuzung Main Street/Mountain Drive in Trout River. Vor dort geht man rechts und überquert den Bach Manuels Brook.
- Old Man Lighthouse Trail (50 Minuten Hin- und Rückweg): Der Weg beginnt auf dem Riverside Drive, der von der Main Street abbiegt. Dazu geht man bis ans linke Ende der Main Street und biegt kurz davor links ab. Nach Überqueren einer Brücke (Feeder Bridge) erreicht man den Riverside Drive.
- Trout River Pond Trail (14 Kilometer hin und zurück): Startpunkt ist beim Picknick- und Parkbereich am Trout River Pond, am nördlichen Ende der Main Street. Der Pfad beginnt auf der linken Seite.

Unterkünfte:

- Neddie's Harbour Inn: Norris Point, *theinn.ca*
- Elephant Head RV Park: 12 Stellplätz; Mitte Mai bis Ende Oktober; 120-126 Old Highway Road, *elephantsheadrvpark.com*
- Tableland Cottages, Chalets mit Küchen; Trout River, *tablelandcottages.com*

32. Cow Head: Dorf mit Vergangenheit

Für viele ist Cow Head nur ein lustiger Name, den Autofahrer in der Regel in einem Foto des Ortsschildes festhalten. Doch die Gestade dieses Dorfes wurden schon vor 4500 Jahren von Menschen aufgesucht. Und auf der Cow-Head-Halbinsel gibt es Strände mit einem unter Geologen weltbekannten Urgestein, „Breccie" genannt. Man kann auf den 500 Millionen Jahre alten Uferfelsen herumklettern.

Cow Head teilte sich in alten Zeiten in Summerside und Winterside auf: Im Sommer lebten die Fischer und ihre Familien nahe beim Nordatlantik. Im Winter zogen sie in Häuser an einer von Stürmen und Winden geschützten Bucht, dort, wo heute die Gemeinde angesiedelt ist. Die beiden Standorte sind durch einen schmalen Isthmus verbunden. Auf dieser Dammstraße erreicht man den Parkplatz des Amphitheaters von Cow Head, in dessen Nähe der Leuchtturmpfad beginnt. Er führt zu historisch und geologisch interessanten Plätzen.

Sicht auf das Dorf Cow Head

Der Name Cow Head stammt übrigens von französischen Fischern, die einst von ihren Booten aus einen Felsen in der Form eines Kuhkopfes sahen. Der französische Entdecker Jacques Cartier (1491 bis 1557) , der im Juni 1534 in Cow Head landete und diese Küste kartografierte, nannte Cow Head indes Cap Pointu.

Der Leuchtturmpfad, der die Cow-Head-Halbinsel erschließt, eignet sich auch für Kinder. Er ist 3,5 Kilometer oder rund eineinhalb Stunden lang (hin und zurück) und gut ausgebaut. Zuerst durchquert er Wiesen mit wilden Blumen, dann einen geheimnisvollen Wald. Auf diesem Rundweg gibt es immer wieder Aussichtspunkte,

Bunte Hütten beim Amphitheater

von denen man auf der einen Seite den Golf von St. Lawrence (Teil des Nordatlantiks) und die Long-Range-Bergkette (Teil des Gros Morne National Park) auf der anderen Seite sieht. Der Pfad steigt leicht auf eine Hügelkuppe, senkt sich dann Richtung Ozean und erreicht den kleinen Leuchtturm aus dem Jahr 1909, eine Gusseisenstruktur, die im Wald steht und nicht mehr in Betrieb ist. Von hier aus kann man zum Sandy Beach hinuntergehen, einem Strand, auf dem man auf 500 Millionen Jahre alten Uferfelsen kraxeln kann, „Breccie" genannt. Für geologisch Interessierte: Dieses Gestein ist weltbekannt, weil es die Grenze zwischen der Kambrium-Periode der Erdgeschichte und der Ordovizierzeit zeigt. Im Kalkstein der Felsen sind Seichtwasserorganismen eingeschlossen, und im Schiefergestein kann man Tiefwasserorganismen sehen.

Alter Leuchtturm im Wald

Vom Leuchtturm aus geht der Pfad wieder in einer Schlaufe zurück. Bevor man das tut, muss man unbedingt zuerst Cow Point erforschen, auch „The Point of the Head" genannt, die Spitze der Halbinsel. Der Point of the Head Trail führt in eigens gebauten Holzstufen auf eine Wiese, von der aus man zu steinigen Stränden und ungewöhnlichen Felsformationen gelangt. Diese Gegend wurde schon vor rund 4500 Jahren von Menschen besucht. An drei Stätten gruben Archäologen über 2000 Gegenstände aus. Experten vermuten, dass die Ureinwohner wegen des „Chert" (Feuerstein) hierher kamen, eines sehr dichten,

500 Millionen Jahre altes Gestein

harten Steines, der sich gut für primitive Werkzeuge eignete. Artefakte aus dieser frühen Zeit sind im Dr. Henry N. Payne Community Museum zu sehen.

Selbst wenn man all die oben erwähnten wundersamen Entdeckungen beiseite lässt, ist dieser Teil der Wanderung herrlich. Von hier sieht man am Horizont den langgestreckten Bergzug der Long Range Mountains, das Dorf Cow Head, den Golf von St. Lawrence und den Western-Brook-Fjord. Es ist auch ein guter Ort, die Umgebung zu erkunden und an einem schönen Tag ein Picknick zu machen.

Strand bei Point of the Head

Wer zum Abschluss des Tages an einem feinen Sandstrand ausruhen, barfuß dem Ozeansaum entlang flanieren und vielleicht sogar schwimmen gehen möchte (das flache Wasser wärmt sich im Sommer auf), ist im Shallow Bay Beach am richtigen Ort: rund vier Kilometer weißer Sand mit grasbewachsenen Dünen, und das nur wenige Minuten von Cow Head entfernt!

INFO

Lage: Vom Flughafen Deer Lake sind es 118 Kilometer oder 1,5 Stunden nach Cow Head.

Anfahrt: Von der NL-430 (Viking Trail) links abbiegen. Bis zum Dorf sind es noch etwa fünf Fahrminuten. Zum Leuchtturmpfad den Fahrdamm überqueren und unterhalb des Freilufttheaters parken. Am Anfang des Pfades hat man eine große Wegkarte hingestellt. Zum Shallow-Bay-Strand im Dorf rechts bis ans Ende der Straße fahren, dann links Richtung Wasser abbiegen.

Aktivitäten:

- Der Leuchtturmpfad ist etwa eineinhalb Stunden oder 3,5 Kilometer lang (hin und zurück), relativ leicht, mit wenigen Steigungen. Trotzdem robuste Schuhe anziehen und eine extra Jacke an windigen Tagen.
- Am Shallow Bay Beach gibt es einen leichten, vier Kilometer langen Weg dem Strand entlang.
- Dr. Henry N. Payne Community Museum: Mitte Juni bis Mitte Oktober täglich 9:30 bis 18:30 Uhr; 143 Main Street, Cow Head, Tel. +1 709 243 2023, *newfoundlandlabrador.com/plan-and-book/attractions/210960*
- Cow Head führt im Sommer auch ein Theaterfestival durch: *theatrenewfoundland.com*

Unterkünfte:

- Shallow Bay Motel und Chalets: 193 Main Street, Cow Head, Tel. +1 709 243 2471, *shallowbaymotel.com*
- Shallow Bay Campground: 60 Stellplätze, viele ohne Strom, aber Häuschen mit Waschmaschine, Trinkwasser und Dusche; Juni bis September; am nördlichen Ende von Cow Head plus ein Kilometer Weiterfahrt; Tel. +1 877 737 3783 oder +1 519 826 5391, *pc.gc.ca/en/pn-np/nl/grosmorne/activ/camping/sb*

Website: *cowhead.ca*

33. Lachsbeobachtung: Interpretations-zentrum und Fischtreppe in Hawke's Bay

Im Dorf Hawke's Bay kann man Lachse hinter Glasscheiben sehen, wenn sie auf der Fischtreppe den Fluss Torrent hochwandern. Das Interpretationszentrum ist auch für Kinder ein interessantes Ausflugsziel. Es gibt die Möglichkeit, auf einer selbst geführten Tour durch die Ausstellung zu gehen. Angestellte geben darüber hinaus bereitwillig Auskunft.

Die Atlantischen Lachse sind faszinierende Fische, die – im Gegensatz zu den Pazifiklachsen – nicht nach dem Laichen in den Flüssen vor Erschöpfung sterben. Sie kehren wieder in den Nordatlantik zurück. Noch im 19. Jahrhundert hat es im Fluss Torrent von Lachsen gewimmelt. Vor 100 Jahren galt das Gewässer als eines der weltweit besten für Sportfischer. Leider ging es von da an bergab: Es wurde gewildert und überfischt. Durch den Kahlschlag von Wäldern wurden die geschützten Orte, wo die Lachse laichten, zerstört. Die Fische verschwanden.

Fischleiter für Lachse

Doch die Menschen in Hawke's Bay gaben sich nicht geschlagen. Zusammen mit dem kanadischen Fischereiministerium und wissenschaftlichen Experten gelang es ihnen, diese Zerstörung rückgängig zu machen. Brütlinge (Lachsbabys) wurden im Torrent River ausgesetzt und ihre Bestände geschützt. Nach Jahrzehnten hartnäckiger Arbeit kehrten die Lachse vom Nordatlantik in den Fluss zurück.

In Hawke's Bay wird den Besuchern gezeigt, wie die Lachse im Fluss gezählt werden. Im Untergeschoss sieht man die Fische durch zwei große Fenster in der Mauer vorbeischwimmen. Draußen kann man die Fischtreppe besichtigen und zum Wasserfall hinuntergehen. Wenn man Glück hat, springen Lachse aus dem Fluss in die Luft, wenn sie über Steine und Stromschnellen flussaufwärts wandern.

Lachs-Interpretationszentrum

INFO

Lage: Hawke's Bay ist 213 Kilometer oder 2,5 Stunden vom Flughafen Deer Lake entfernt.

Anfahrt: Von Deer Lake auf der NL-430 bis Hawke's Bay. Im Dorf bei einem Schild auf rechten Straßenseite abbiegen (es kann leicht übersehen werden!) und eine ganz kurze Strecke zum Parkplatz fahren.

Aktivitäten:

- Torrent River Salmon Interpretation Centre: Anfang Juni bis Anfang September täglich 9:30 bis 18:30 Uhr, Eintritt CAD 10.50; Tel. +1 709 248 4066, Torrent River Road, Hawke's Bay, *facebook.com/kkg2017*
- John Hogan Trail: Der 6,4 Kilometer lange Weg (hin und zurück) beginnt nahe beim Ausstellungsgebäude. Praktisch der gesamte Weg verläuft dem Fluss entlang auf einem Holzplankensteg.

Unterkunft:

- Torrent River Inn: Zimmer und Chalets; Tel. +1 709 248 5225, *torrentriverinn.ca*

34. Thromboliten in Flowers Cove: uralte Steine, von winzigen Lebewesen gebaut

Die Thromboliten im Dorf Flowers Cove sind ein kleines Weltwunder. Diese Steinhügel sind das Werk mikroskopisch kleiner Bakterien und rund 450 Millionen Jahre alt. Man findet sie weltweit nur an ganz wenigen Orten. Die Thromboliten in Flowers Cove sind Zeugen der Urzeit, als sich primitive Lebensformen entwickelten. Sie helfen uns zu verstehen, wie das Leben auf der Erde entstanden ist.

Flowers Cove ist ein Fischerdorf wie viele andere an der Westküste Newfoundlands. Es wartet indes mit einer spektakulären, aber immer noch wenig bekannten Sehenswürdigkeit auf: Thromboliten. Wenn Besucher die Anhäufung von runden, bis zu vier Meter breiten Gebilden am Strand sehen, erscheint ihnen deren Form wahrscheinlich interessant. Sie ähneln Brotteigklumpen mit Rillen, die blumenartig von der Mitte nach außen fächern.

Ein kurzer Fußweg führt zu den Thromboliten

Um zu begreifen, welcher Sensation man hier gegenübersteht, muss man etwas Hintergrundwissen haben. Michael Burzynski, ein Biologe im Ruhestand, der für Parks Canada arbeitete, ist schon jahrelang von den Thromboliten fasziniert. Man müsse sich vorstellen, erklärt er, dass diese Steine, die sich jetzt in Flowers Cove befinden, in der Urzeit in einem tropischen Ozean viel weiter südlich lagen. Die andauernde Verschiebung der tektonischen Platten (Erdplatten) über Millionen und Abermillionen von Jahren transportierte die Thromboliten Richtung Norden, bis sie in Flowers Cove landeten. Während dieser

Vom tropischen Ozean zum Nordatlantik verschoben

Thrombolit bedeutet klumpiger Stein

langsamen, aber gigantischen Verschiebung erodierten Hunderte von meterdicken Sedimentschichten, unter denen die Thromboliten begraben waren. Dank dieser Erosion – und weil der Wasserspiegel des Ozeans sank – sind diese Kalksteinhügel vor rund 5000 Jahren freigelegt worden, sodass man sie heute immer noch sehen kann. Es ist ein riesiger Zufall, dass diese Steine während Millionen und Abermillionen von Jahren ausgerechnet nach Flowers Cove verschoben wurden. Trotz all der gewaltigen Bewegungen sind die Thromboliten in Flowers Cove praktisch unbeschädigt! „Es ist atemberaubend, wie gut sie erhalten sind“, sagt Michael Burzynski. Was ihn aber noch mehr verblüfft: Die Thromboliten in Flowers Cove sitzen nach den tektonischen Verschiebungen erneut in einer Gezeitenzone am Strand, wo sich Ebbe und Flut ablösen, nur nicht mehr in einem tropischen Ozean viel weiter südlich, sondern im kalten Nordatlantik.

Der Name der Kalksteinhügel kommt vom altgriechischen Wort „thrombos" für Klumpen und „lithos" für Stein. Wie also entstanden die Thromboliten einst im warmen Urozean? Durch die Arbeit mikroskopisch kleiner Bakterien, Cyanobakterien genannt. Sie sind noch primitiver als Algen. Sie ernähren sich mittels Photosynthese, so wie die Pflanzen. Dazu brauchen sie blaugrünes Chlorophyll. Sie verarbeiten den Kohlestoff zu körpereigenen Bestandteilen und geben als Nebenprodukt Sauerstoff ans Wasser ab. Diesen sauerstoffproduzierenden Mikroorganismen haben wir das Leben auf unserer Erde zu verdanken.

Die Cyanobakterien, einzellige Wesen ohne Zellkern, bilden zusammen kettenartige Strukturen mit einer geleeartigen Hülle. Um diese Schutzhülle härter zu machen (damit sie nicht so leicht gefressen werden können), absorbieren die Cynobakterien Kalk aus dem Wasser. Dieser Kalk bleibt zurück, wenn sie absterben. Darauf bilden sich neue Bakterienketten, und über Tausende von Jahren legt sich Kalkschicht auf Kalkschicht – der Hügel wächst. „Es braucht Milliarden und Milliarden von Bakterien, um einen solchen Hügel zu bauen", sagt Burzynski.

Die Thromboliten in Flowers Cove wachsen nicht mehr, denn hier leben keine Bakterien mehr, aber in Shark Bay in Australien, einem

Von Bakterien erbauter Stein

der wenigen anderen Thrombolitenstandorte auf der Welt, gibt es noch lebende Bakterienhügel. Manche Leute bezeichnen die Thromboliten in Flowers Cove als Fossilien. Sie sind aber „trace fossils", lediglich Abdrücke von Fossilien, so wie der Abdruck eines Dinosaurierfußes im Gestein.

Die Thromboliten in Flowers Cove kann man auf einem kurzen Pfad erreichen. Ein rotes Informationshäuschen wurde kürzlich für Touristen aufgestellt. Es lohnt sich auch, auf die gegenüberliegende Seite der Bucht zu gehen, die man vom Fußweg aus sehen kann. Dort gibt es nämlich eine weitere Thrombolitenkolonie.

INFO

Lage: 317 Kilometer oder 3,75 Stunden vom Flughafen Deer Lake. 105 Kilometer oder 1,25 Stunden von St. Anthony.

Anfahrt: Auf der NL-430 von Deer Lake oder St. Anthony. Wenn man aus südlicher Richtung kommt, nimmt man die erste Straße rechts (noch bevor man das auffällig rote Dach einer Brücke sieht) und parkt den Wagen auf einem Platz auf der linken Seite. Dann nimmt man den leicht begehbaren Fußweg nicht weit davon, der über die Brücke führt. Der Pfad ist rund zehn Minuten lang und endet bei den Thromboliten und einem roten Informationsbüro (es ist nur im Sommer offen, der Pfad kann ganzjährig beschritten werden).

Aktivitäten:

- White Rocks: Karstlandschaft mit weißen Felsplatten aus Kalkgestein, in der zähe, robuste und seltene Pflanzen wachsen, darunter arktische Blumen. Der Rundpfad beginnt in Flowers Cove auf der rechten Seite der NL-430 von einem großen Parkplatz aus und dauert rund 20 Minuten. Man findet Informationstafeln vor Ort. Auch dieser Pfad ist das ganze Jahr über offen.

Unterkunft:

- Plum Point Motel and Restaurant: Tel. +1 709 247 2533, NL-430, Plum Point, *plumpointmotel.com*

35. Conche: handgestickter Wandteppich und Wanderung zum Glasloch

Das Dorf Conche ist wirklich abgelegen, aber es ist die lange Fahrt wert. In Conche haben einheimische Frauen die Geschichte der Heimat in jahrelanger Arbeit auf einen 66 Meter langen Wandteppich gestickt. Beeindruckend ist auch die Lage des Dorfes an einem wildromantischen Fjord. Man sieht ihn von oben auf einer Küstenwanderung, die zu einem interessanten Felsloch in den Klippen führt.

Auf der Zufahrtsstraße nach Conche werden die meisten Touristen immer wieder anhalten, weil die Landschaft wie ein urtümliches Dinosaurier-Biotop wirkt. Die Straße führt über ein Hochplateau und windet sich dann zur Küste hinunter. Das Dorf Conche mit seinen bunten Häusern erblickt man zuerst von oben, wo man einen fabelhaft weiten Blick in die Tiefe hat. Das French Shore Interpretation Centre mit dem Wandbehang ist wegen seiner leuchtend grünen Fassade nicht zu übersehen. Im Innern spannt sich der einmalige Wandteppich mit Szenen aus der regionalen Vergangenheit den Wänden entlang.

Conche liegt an einem wildromantischen Fjord

Französische Fischer segelten bereits Anfang des 16. Jahrhunderts im Frühling an Newfoundlands Küsten, um Kabeljau zu fangen und zu trocknen. Sie nannten die nordöstlichen Gestade „Le Petit Nord“. Viele Ortsnamen wie Conche, Crouse, Croque oder Grandois haben französische Wurzeln. Im Oktober kehrten die Schiffe jeweils mit der Ladung nach Frankreich zurück. Erst um 1800 siedelten Iren und Engländer in dieser Gegend.

Geschichte auf dem Wandbehang

Während vier Jahren oder rund 20.000 Stunden stickten zwölf Frauen aus Conche von Hand Szenen und historische Zitate in bunten Farben auf den Wandbehang. Die Vorlage wurde von den Künstlern Jean-Claude und Christina Roy erstellt. Die gestickten Bilder, die Wandbehängen des Mittelalters nachempfunden sind, fangen mit wilden Tiere aus einer Zeit an, als es noch keine Menschen in der Region gab. Sie zeigen auch die indigenen Völker, die vor Tausenden von Jahren hier lebten, bis die Wikinger als erste Weiße vor rund 1000 Jahren ihren Fuß in L'Anse aux Meadows auf den Boden – und damit erstmals auf den nordamerikanischen Kontinent – setzten. Später folgten Fischer und ihre Nachkommen aus Europa, die an Newfoundlands Küsten siedelten. Die Bilder enden mit der Wirtschaftskrise der Großen Depression und den beiden Weltkriegen im 20. Jahrhundert.

Gestickte Szene auf dem Wandbehang

Im Museum in Conche findet man auch Gegenstände und Fotos aus früheren Zeiten, die einen realistischen Einblick in den Alltag der Siedler geben. Dieses Museum hinterlässt einen tiefen Eindruck.

Glasloch in den Klippen

Da der Wandteppich sehr lang ist und viele Bilder und Informationen vermittelt, kann man sich das Ganze in zwei Etappen ansehen und zwischendurch den mittelschweren Glass Hole Trail unter die Füße nehmen. Der Rundweg ist 6,8 Kilometer lang (etwa zwei Stunden) und im Sommer von hübschen Wildblumen gesäumt. Das Auto kann man beim Anfang des Pfades parken. Nach wenigen Metern erreicht man die Überreste eines abgestürzten Flugzeugs. Von dort steigt der Pfad auf der linken Seite langsam an und führt in Windungen auf eine Anhöhe (Conche Lookout), von der man eine fantastische Sicht auf das Dorf, den Fjord und die umliegenden Hügel und Berge hat. Dann verläuft die Wanderung durch Waldstücke und den Klippen entlang. Es gibt immer wieder Blicke auf den Ozean und in die Tiefe, wo sich die Wellen an den steilen Uferfelsen brechen. Nach rund einer Stunde erreicht man eine Lichtung mit zwei Holzbänken. Von dort läuft man weiter, bis der Pfad in eine Forststraße mündet. Nach wenigen Minuten trifft man auf der linken Seite auf eine Abschrankung vor einer Lücke in den Klippen. Das „Glasloch" kommt aber erst noch. Nach etwa 500 Metern auf der Forststraße taucht ein Schild auf der rechten Seite auf, das auch vor Geröll warnt. Hier steigt man vorsichtig ab. Der Pfad ist teilweise steil. An einer Stelle weiter unten ist ein Seil befestigt, an dem man sich festhalten kann. Beim Seilende schlägt man bei der Verzweigung den Pfad auf der rechten Seite ein (nicht den linken Pfad, der weiter absteigt).

Eine schöne Wanderung führt den Klippen entlang

Nach wenigen Metern erblickt man eine schmale Öffnung in den Klippen: das legendäre „Glasloch". Wagemutige können hier mithilfe eines weiteren Seiles bis zum Ufer hinunterklettern.

INFO

Lage: Conche ist rund 420 Kilometer oder etwa sechs Autostunden von Corner Brook entfernt. Von St. Anthony sind es 145 Kilometer oder rund zwei Stunden und 50 Minuten.

Anfahrt: Von Corner Brook fährt man auf der NL-430 (Viking Trail) 331 Kilometer bis Plum Point, dort rechts auf die NL-432 abzweigen und nach 53 Kilometern die Abzweigung auf die NL-433 nehmen. Nach 14 Kilometern schlägt man die NL-434 nach Conche ein und fährt weitere 24 Kilometer. Von St. Anthony aus auf der NL-430 zum Flughafen fahren, dann links auf die NL-432 abbiegen. Die NL-434 nach Conche ist nur ganz am Anfang nicht asphaltiert, der Rest ist problemlos.

Aktivitäten:

- French Shore Interpretation Centre: das ganze Jahr Montag bis Freitag 9 bis 12, 13 bis 17 Uhr, Juli bis August auch Samstag und Sonntag 13 bis 17 Uhr; Eintritt 8 CAD; *frenchshore.com*

Unterkunft:

- Tuckamore Lodge: Die Lodge bietet auch Wildnistouren an; Tel. +1 709 865 6361, NL-432, Main Brook, *tuckamorelodge.com*

Hinweise:

- Auf dem Glasloch-Pfad sind exponierte Stellen mit Zäunen gesichert. Trotzdem sollte man aufpassen. Der Rückweg geht zurück zu den Holzbänken, von dort nimmt man einen kürzeren Schneemobilpfad ins Dorf Conche und zum Ausgangspunkt der Wanderung.
- Das Wrack in Conche stammt von einem kanadischen Militärflugzeug, das Ende November 1942 in Gander gestartet war und in Conche abstürzte. Die drei Besatzungsmitglieder überlebten wie durch ein Wunder.

36. Fischerdorf Englee: wie eine Oase am Meer

Man kann Englee in Himmelsrichtungen beschreiben: Es ist die südlichste Siedlung an der Ostküste der Nördlichen Halbinsel. Nachher folgen rund 100 Kilometer unbewohnte Küste. Doch für einen Ort, wo sich Füchse und Hasen Gute Nacht sagen, wirkt Englee erstaunlich hübsch und belebt. Den besten Blick auf Dorf, Ozean, Berge und die malerische Bucht hat man von einem schönen Wanderpfad.

Es gibt viele anmutige Fischerdörfchen in Newfoundland, aber Englee taucht nicht oft in Reiseberichten auf. Weil es so wenig besucht wird, hat sich der beschauliche Charakter erhalten. Die kleinen Häuser gruppieren sich um eine geschützte Bucht, Canada Bay, die eingerahmt wird von üppig bewaldeten Hügeln. Während andere Siedlungen an der Westküste Newfoundlands den Winden und Stürmen ausgesetzt sind, fühlt sich Englee wie eine Oase an. Rund 500 Menschen leben hier, die sich auf fünf Kirchen und Glaubensgemeinschaften aufteilen.

Eisberg vom Barr'd Island Trail aus gesehen

Der Ausgangspunkt zu zwei Wanderrouten in Englee befindet sich am Ende der Hafenstraße, des Marine Side Drive. Links steigt eine rote Treppe mit 164 Stufen zum Barr'd Island Trail hoch, einem ein Kilometer oder 30 Minuten langen Rundpfad auf einer kleinen Halbinsel. Er ist kurz, aber abwechslungsreich, weil sich der Blick auf die Küste ständig ändert. Im Frühsommer kann man oft Eisberge von hier aus sehen. In der warmen Jahreszeit wachsen bunte wilde Blumen entlang des Pfades.

Auf dem White Point Wanderpfad

Gleich gegenüber beginnt der White Point Trail. Auf dieser Wanderung wechselt man auf die andere Seite der Küste, die in südlicher Richtung verläuft.

INFO

Lage: Englee ist rund 367 Kilometer oder 4,5 Stunden vom Flughafen Deer Lake entfernt, von St. Anthony sind es 145 Kilometer oder zwei Stunden.

Anfahrt: Auf der NL-430 von St. Anthony oder Deer Lake, dann beim Flughafen von St. Anthony auf die NL-432 abbiegen. Oder, von Deer Lake herkommend, bei Plum Point rechts auf die NL-432 abzweigen. Nach 53 Kilometern die NL-433 nach Roddickton nehmen, von dort sind es noch 21 Kilometer bis Englee.

Unterkunft:

- Hotel Mayflower: Tel. +1 709 457 2328, 63 Major Street, Roddickton, *mayfloweradventures.com*

Hinweise: Weitere Wanderungen wie der White Point Trail und der Locker Point Pfad sind auf folgender Website beschrieben: *northeastsecret.com/trails-parks#englee*

St. Anthony und Umgebung

Buckelwale treiben die Fische auf die Klippen zu

St. Anthony und Umgebung

37. St. Anthony: Das Vermächtnis des Arztes Sir Wilfred Grenfell
38. St. Anthony: Wandrelief von Jordi Bonet im Krankenhaus
39. St. Lunaire-Griquet: Beerenkultur in Newfoundland
40. Quirpon Island: Stelldichein mit Walen und Eisbergen
41. Iceberg Trail: großartiger Küstenpfad für Aussichtsgenießer
42. Die Welt von oben betrachten: vier prächtige Aussichtspunkte
43. Raleigh und Burnt Cape: arktische Landschaft mit Kanonenlöchern
44. Cape Norman: nördlichster Punkt in Newfoundland

44
Cape Norman
Cook's Harbour
Boat Harbour
Strait of Belle Isle
Ship Cove
41
Hay Cove
40
42
42
43
43
Noddy Bay
Quirpon
Raleigh
42
Gunners Cove
39
St Lunaire-Griquet
NEWFOUNDLAND
37
Great Brehat
38
42
St Carols
St Anthony
Goose Cove East
Atlantischer Ozean

37. St. Anthony: das Vermächtnis des Arztes Sir Wilfred Grenfell

Man kann den Einfluss von Dr. Wilfred Grenfell nicht überschätzen. Der britische Arzt und Missionar (1865 bis 1940) baute von St. Anthony aus eine medizinische Versorgung entlang der Nordküste Newfoundlands und in Labrador auf. In St. Anthony steht immer noch sein Haus – heute ein Museum – und eines seiner Krankenhäuser. Eine permanente Ausstellung gibt einen Überblick über sein außergewöhnliches Leben und Werk.

Der Vorfall, der Wilfred Grenfell weltweit zu einer Legende machte, ereignete sich im Jahr 1908: Der Arzt brach mit acht Schlittenhunden auf, um übers Eis zu einem erkrankten Jungen zu gelangen. Doch das Eis gab nach, und er trieb auf einer Eisscholle in den Nordatlantik hinaus. Um die Kälte zu überstehen, tötete er einige seiner Hunde und wickelte sich in ihre Felle. Durch einen glücklichen Zufall wurde Grenfell rechtzeitig von Einheimischen gerettet. Internationale Zeitungen griffen das Drama auf. Dr. Grenfell war das recht: Er brauchte Aufsehen und Spenden, um Ärzte aus England, den USA und Kanada in den Norden Newfoundlands und nach Labrador zu bringen und um dort Krankenhäuser zu bauen.

Statue von Dr. Grenfell in St Anthony

Grenfell war der abenteuerlustige Sohn eines Pfarrers, der die See und das Leben im Freien liebte. Er fand seine Berufung im Nordosten Kanadas. Tausende von Newfoundlandern zogen jeden Sommer nach Labrador, um dort Kabeljau zu fischen. Im Herbst kehrten sie wieder in ihre Dörfer zurück. Viele hatten überhaupt keine medizinische Versorgung.

Im Juni 1882 segelte Wilfred Grenfell von England nach St. John's und

Das Haus, in dem die Grenfells lebten

dann weiter an die Küste Labradors. Das Schiff brachte Kleider, medizinische Betreuung und die Bibel zu den darbenden Fischer- und indigenen Familien. Grenfell war von der Mission to Deep Sea Fishermen (Mission für Hochseefischer) angestellt worden, einer wohltätigen Organisation in England, die sich um Nordseefischer kümmerte.

Die Fischer und ihre Familien entlang der Küste von Labrador waren oft in Fetzen gehüllt, litten an Hunger, lebten in notdürftigen Hütten und manche erkrankten an Tuberkulose. Sie wurden von den Fischhändlern ausgebeutet, die ihnen kein Bargeld für die Fische gaben,

Die Grenfellresidenz ist heute ein Museum

Dr. Grenfell war Arzt, Abenteurer und Sozialreformer

sondern ihnen Ware verkauften. So blieben die Fischer verschuldet und abhängig.

Grenfell behandelte die Menschen als Arzt und verbreitete daneben das Evangelium. Die Newfoundlander Regierung ernannte ihn zum Friedensrichter. Er besuchte mit einem Schiff, das als Ambulanz, Krankenstation und Frachter diente, die Siedlungen. Gleichzeitig ermunterte er die Einheimischen, Gemüse in Gewächshäusern anzubauen, Nutztiere zu halten und mit Kunsthandwerk Geld zu verdienen. Letztlich wollte er die Fischer aus der Abhängigkeit von den Händlern befreien und ihren Gesundheitszustand verbessern. Er führte Rentiere aus Lappland ein, doch nach einigen Jahren wurde die Herde von Seuchen und Wilderern dezimiert. In Red Bay in Labrador gründete er Läden als Kooperativen, mit den Fischern als Eignern.

1909 heiratete Dr. Grenfell die reiche Amerikanerin Ann MacClanahan, die anschließend mit ihm in St. Anthony lebte. Sie wurde seine Organisatorin, Sekretärin und Lektorin seiner zahlreichen Bücher und begleitete ihn auf den vielen Reisen.

Über 2500 Freiwillige aus aller Welt kamen über die Jahre nach Newfoundland und Labrador, um zu helfen. Straßen, Schulen, Krankenstationen und ein Waisenhaus wurden gebaut. Die Grenfell Mission, wie die Organisation genannt wurde, beschäftigte 1936 60 Angestellte und rund 100 saisonale Freiwillige.

Wilfred Grenfell starb im Alter von 75 Jahren an einem Herzinfarkt. Seine Asche und die Asche seiner Frau ruhen in St. Anthony. Sein

Vermächtnis lebt in der International Grenfell Association fort, die heute Stipendien und Zuschüsse für Projekte vergibt. Die permanente Ausstellung und das Hausmuseum in St. Anthony geben einen faszinierenden Einblick in Grenfells Leben und Wirken. In seiner ehemaligen Residenz finden sich zwar keine seiner Möbel und Gegenstände, aber sie vermittelt eine authentische Atmosphäre von der Zeit, in der er dort lebte.

In der Grenfell-Austellung

INFO

Lage: St. Anthony ist 418 Kilometer oder fünf Stunden vom Flughafen in Deer Lake entfernt.

Anfahrt: Von Deer Lake auf der NL-430 in nördlicher Richtung.

Aktivitäten:

- Grenfell Interpretation Centre und Grenfell House Museum: Laden mit einheimischem Kunsthandwerk ist angegliedert; Montag bis Freitag 8 bis 17 Uhr; In der Hochsaison auch am Wochenende. Tel. +1 709 454 4010, St. Anthony, *grenfell-properties.com*

Unterkunft:

- Haven Inn: Tel. +1 709 454 9100, 14 Goose Cove Road, St. Anthony, *haveninn.ca*

38. St. Anthony: Wandrelief von Jordi Bonet im Krankenhaus

Der kanadische Künstler Jordi Bonet (1932 bis 1979) schuf zahlreiche großartige Kunstwerke in seinem eigenen Land, aber auch im Ausland. Dass man eines seiner bildgewaltigen Wandreliefs in einem entlegenen Dorf wie St. Anthony findet, ist wenigen bekannt. Bemerkenswert ist auch die Tatsache, dass das riesige Kunstwerk die domartige Empfangshalle (Rotunda genannt) des örtlichen Krankenhauses ziert.

Betritt man die Rotunda des Charles S. Curtis Memorial Hospital, fühlt man sich wie in einer Kapelle oder einem Museum. Riesige farbige Keramikplatten verkleiden die Wände. Unter den Spotlights schillern sie in grauen, blauen und braunen Tönen – man fühlt sich an die Farben des Nordatlantiks, der Tundra und des Gesteins erinnert –, mit leuchtenden Farbtupfern in Türkis, Purpur und Eisblau.

Wandrelief im Krankenhaus

Fischer auf Jordi Bonets Wandrelief

An bedeckten Tagen wirkt der fast leere großzügige Raum eher dunkel, trotz der Lichtstrahler, was das Geheimnisvolle und Ruhige im Raum verstärkt. Der Krankenhaus-Empfang und ein Informationsschalter, die in die gegenüberliegende Wand integriert sind, verschmelzen mit dem Raumdesign.

Um die Bedeutung der Keramikreliefs in St. Anthony einordnen zu können, ist es hilfreich, zuerst den Künstler kennenzulernen: Jordi Bonet wurde in Barcelona in Spanien geboren und erlebte als Kind die Grauen des spanischen Bürgerkrieges. Im Alter von neun Jahren musste einer seiner Arme amputiert werden, weil er von einem Baum gefallen war. Beeinflusst von seinem kunstliebenden Vater begann er seine künstlerische Ausbildung in Barcelona. 1954 wanderte er nach Kanada aus und ließ sich in Montréal nieder.

Inuitfamilie auf Jordi Bonets Wandrelief

Bekannt ist Bonet vor allem durch seine Wandreliefs, teils aus Keramik, später auch aus Beton, Edelmetall und Glas. Sie sind an Orten wie der Kapelle Our Lady of the Skies am internationalen John-F.-Kennedy-Flughafen in New York zu finden oder in Sierra Leone in Afrika. Zwischen 1960 und seinem Tod – Bonet starb an Leukämie – schuf er rund 100 Kunstwerke, vor allem für Kirchen und Klöster. Er traf sich auch mit berühmten Künstlern wie Salvador Dalì.

Das Wandrelief in St. Anthony entstand im Jahr 1967. Es besteht aus Keramik und setzt sich aus acht Tafelbildern zusammen. Eine Broschüre, die im Empfangsraum erhältlich ist, erklärt die einzelnen Bilder. Grundsätzlich beziehen sie sich auf die Menschen, die Newfoundland und Labrador bewohnen. Manche Darstellungen sind abstrakter, andere ziemlich realistisch. Etwa der Fischer, der seine Arme nach oben streckt, wo sich ein Fischschwarm tummelt. Oder eine Inuit-Familie mit Kind in traditioneller Bekleidung. Um ihr Zelt herum hat der Künstler seine eigenen Fußabdrücke hinterlassen.

Manche fragen sich bestimmt, warum ein solch bedeutsames Kunstwerk in einem kleinen Krankenhaus an der isolierten Nordspitze Newfoundlands zu finden ist. Im Jahr 1968 wurde das neu gebaute Krankenhaus von der International Grenfell Association mit Sitz in London eröffnet, die das Relief in Auftrag gab. Das Kunstwerk soll auch an das Wirken und Leben des legendären Arztes Sir Wilfred Grenfell erinnern (siehe Tipp 37). Das Krankenhaus gehört heute der Provinz Newfoundland und Labrador und damit den Menschen in der Provinz. Das würde auch Jordi Bonet gefallen haben. Er wollte nämlich Kunst für die Leute machen.

Gesichter von Einheimischen

INFO

Lage: St. Anthony ist 418 Kilometer oder fünf Stunden vom Flughafen Deer Lake entfernt.

Anfahrt: Auf der Straße 430 (Viking Trail) nach St. Anthony, dann in gerader Linie weiter auf der West Street, bis man das Krankenhaus, einen bräunlichen Gebäudekomplex, auf der rechten Seite erreicht (West St. Nr. 200). Ein Schild weist den Weg zum Eingang.

Unterkunft: Fishing Point Vacation Home (auch AirBnb), 9 Fishing Point Road, Tel. +1 709 691 4475

Hinweise: Wer mehr Licht für das Wandrelief haben will, sollte es an einem sonnigen Tag besuchen. Fotos kommen in der Regel aber auch an einem bedeckten Tag hell heraus.

39. St. Lunaire-Griquet: Beerenkultur in Newfoundland

Im Norden Newfoundlands wachsen kein Obst und keine Früchte. Aber es gibt eine Vielfalt wilder Beeren wie Moltebeeren, Blaubeeren, Elchbeeren, Krähenbeeren, Echte Rebhuhnbeeren, Cracker-Beeren. The Dark Tickle Company, ein kleines Familienunternehmen in St. Lunaire-Griquet, zeigt Besuchern, wie Beeren wachsen und verarbeitet werden, und erklärt ihnen die Geschichte der Beerenkultur in Newfoundland.

Kieran Knudsens Großvater war ein Fischhändler, aber sein Enkel weiß mehr über Beeren als über Fische. Zum Beispiel über die legendären „Bakeapples" (Moltebeere), die zwar wie Backäpfel schmecken, aber deren Name nichts damit zu tun hat. Er stammt vom französischen Baie qu'appelle? („Wie heißt diese Beere?"), einem Ausdruck, den die einstigen Siedler aus Frankreich, die zum Fischen nach Newfoundland kamen, gebrauchten. Die Bakeapples gedeihen in der Tundra und im Torfmoor. Sie sind in der Regel Mitte August reif zum Pflücken, wenn die rote Farbe der harten, unreifen Beeren zu einer lachsfarbenen Reife gelangt.

Kieran Knudsen stellt Beerenprodukte her.

„Beeren sind typisch für Newfoundland und Labrador und sehr beliebt", sagt Kieran Knudsen. Im Sommer und Frühherbst schwärmen die Menschen im Norden Newfoundlands aus, bewaffnet mit Eimern und Hüten, um Beeren zu sammeln. Manche gehen an

Beerensammeln ist ein Neufundländer Hobby

Orte, die sie geheim halten, damit keiner ihnen die Ernte stiehlt. Auf Facebook prahlen die Sammler damit, wie viele Eimer sie gefüllt hätten und zeigen Bilder von gefüllten Einmachgläsern.

Andere verkaufen ihre Beeren an die Firma The Dark Tickle Company in St. Lunaire-Griquet, die von Kierans Eltern Gwen und Steve Knudsen gegründet wurde. Dort werden die Tundrafrüchte zu Konfitüre, Sirup, Soße oder Gelee verarbeitet und Tee, Kaffee, Alkohol oder Schokolade beigemischt. Die Knudsens verkaufen ihre Produkte im Laden in St. Lunaire-Griquet, beliefern aber über ihren Online-Handel ganz Kanada und einen Teil der USA. Am populärsten sind Konfitüren aus Molte- oder Rebhuhnbeeren.

Moltebeeren sind Vitamine für den Winter

Ein guter Beerensammler zeichnet sich durch saubere Beeren mit dem richtigen Reifegrad aus. Es ist allerdings nicht immer einfach, genug Nachschub zu erhalten. „Die Sammler werden alt und hören auf, und die jungen Leute sind nicht mehr so daran interessiert", sagt Kieran Knudsen. „Wir hoffen, dass diese Tradition nicht ausstirbt." Das Interesse von Besuchern an den

Tee, Gelee, Kaffee, Sirup, Brotaufstrich – alles aus Beeren

Beeren ist allerdings ungebrochen. Hinter dem Laden haben die Knudsens einen Naturgarten mit verschiedenen Beerensträuchern angebaut, den man auf Holzstegen besichtigen kann. Bei den

Moltebeeren oder Bakeapples

Beeren gibt es gute und weniger gute Jahre, was vom Wetter, der Feuchtigkeit und dem Frost abhängig ist. „Manche abergläubischen Leute sagen, dass Blitz und Donner die Beeren vernichten, aber in Wahrheit ist es der Regen, der folgt", sagt Knudsen. Wichtig sind auch die Insekten für die Bestäubung.

Kieran Knudsen hat sein Geschäft diversifiziert: Er bietet Walbeobachtungs- und Eisberg-Touren mit seinem Luftkissenboot an. Im Café Nymphe im ersten Stockwerk gibt es auch eine permanente Ausstellung über die französische Besiedlung im Norden Newfoundlands. Die Beeren werden indes ihren Platz im Alltag Newfoundlands – und in der Dark-Tickle-Firma – behalten: „Sie gehören zu unserer Kultur", sagt Knudsen.

INFO

Lage: St. Lunaire-Griquet ist 421 Kilometer oder fünf Stunden vom Flughafen Deer Lake entfernt. Von St. Anthony sind es 27 Kilometer oder 23 Minuten.

Anfahrt: Auf der NL-430 (Viking Trail) von Deer Lake Richtung St. Anthony, aber an der Nordspitze der Insel beim Schild „L'Anse aux Meadows" links auf die NL-436 abzweigen und etwa 15 Minuten weiterfahren.

Aktivitäten:

- Dark Tickle Co. Wild Berry Economusée und Granchain Exhibit: Juni bis September täglich 8:30 bis 20 Uhr, Exkursionen mit Schlauchboot und größerem Tourenboot, Tel. +1 844 999 2374, 75 Main Street, St. Lunaire-Griquet, *darktickle.com*
- Iceberg Ally Boat Tours: im Hedderson Store oder Restaurant Daily Catch buchen; Main Street, St. Lunaire-Griquet, *facebook.com/Iceberg-Alley-Boat-Tours-202827825740053l*

Unterkünfte:

- St. Brendan's Motel: Tel. +1 709 623 2520, 132 Main Street, St. Lunaire-Griquet, *stbrendansmotel.ca*
- South West Pond Cabins: *southwestpondcabins.ca*

40. Quirpon Island: Stelldichein mit Walen und Eisbergen

Die Insel Quirpon (was man als „Karpuun" ausspricht) ist einer der besten Orte in Newfoundland, um Buckelwale vom Ufer aus zu beobachten. Die Wale kommen hierher, weil Fischschwärme auf die Klippen zutreiben. Man kann auch auf der menschenleeren Insel wunderbar wandern und im Haus des Leuchtturmwärters übernachten. Oder sich hoch über dem Ozean auf einer Glasplattform schlafen legen.

Man gelangt auf zwei Wegen auf die Insel Quirpon: Die meisten Besucher werden mit einem Luftkissenboot ans östliche Ende gefahren. Noch schöner ist es aber, in rund drei Stunden zum Leuchtturm und zu den beiden Herbergen zu wandern. Bei schönem Wetter sollte man sich dieses unvergessliche Erlebnis nicht entgehen lassen. Ein kleines Holzboot bringt die Wanderer vom Hafen des Dorfes Quirpon auf dem Festland in rund fünf Minuten zum Ufer der Insel. Grandmother's Cove heißt der Landeplatz. Der Bootsführer erklärte mir, dass es in der Nähe der Bucht Jahrhunderte alte Gräber von französischen Siedlern gebe. Sie sind aber heute so überwachsen, dass sie kaum jemand mehr findet. Tatsache ist, dass die Franzosen schon im 16. Jahrhundert hier angelegt haben. Im Jahr 1713 erhielten sie das Recht, entlang großer Teile der Küste Newfoundlands zu fischen, was sie fast 200 Jahre lang fleißig taten. Später wurden sie nach und nach durch die Briten ersetzt und mussten das Fischen ab 1904 völlig aufgeben. Viele Namen entlang der Küste sind jedoch immer noch französisch eingefärbt.

Blick über die Insel

Glaubt man dem einheimischen Dichter Earl Pilgrim, dann soll es sich bei Quirpon Island um die sagenumwobene Dämoneninsel (Isle of Demons) handeln. Hier wurde angeblich eine französische Adlige namens Marguerite de la Rocque de Roberval im 16. Jahrhundert auf dem Schiffweg nach „New France" (Québec) von ihrem Onkel ausgesetzt, zusammen mit ihrem Geliebten und ihrer Zofe. Nur Marguerite überlebte das brutale Exil: Sie wurde von baskischen Fischern gerettet. Quirpon Island kommt jedoch nicht als Dämoneninsel in Frage: Die Ausgesetzten hätten im Winter leicht über den gefrorenen Nordatlantik zum Festland gelangen können.

Der Leuchtturm ist automatisiert

Die Wanderung über die Insel Quirpon beeindruckt durch die imposante Naturkulisse und die Ausblicke auf den Ozean. Man folgt zuerst einem mit Holzlatten und Gittern befestigten Pfad, auf dem die Gepäckstücke der Gäste mit dem Geländemotorrad zur Unterkunft transportiert werden. Der Pfad führt durch wilde Wiesen und niedriges Gebüsch und steigt dann langsam an, bis man eine Anhöhe mit zwei roten Stühlen erreicht. Von hier aus hat man eine herrliche Rundsicht aufs Festland, die Küste und auf die Ebene, durch die sich der Weg zum Leuchtturm schlängelt. Im Frühsommer sieht man hier auch oft Eis-

Buckelwal nahe der Insel Quirpon

berge. Bei sonnengebleichten Elchgeweihen biegt der Wanderweg links ab, und man steigt zu der kleinen Bucht Cod Cove hinunter. Am Fußweg, der nun den Klippen entlang verläuft, liegen tiefblau schimmernde Teiche mit hellgrünen Wasserpflanzen. In der Nähe des Leuchtturms tauchen Ruinen militärischer Befestigungen aus dem Kalten Krieg auf.

In den zwei Gebäuden neben dem Turm kann man übernachten. Als der Leuchtturm automatisiert wurde, erwarb der jetzige Eigentümer des Quirpon Lighthouse Inn, Ed English, die Gebäude 1998 von der Regierung und baute sie um. Er hat später auch eine gläserne Plattform als Schlafgelegenheit für Abenteuerlustige in den Klippen verankern lassen.

Hauptattraktion der Insel sind die Buckelwale: In der tiefen Bucht nahe dem Leuchtturm jagen die Wale die Fische im Team, treiben sie gegen die Klippen und sperren das Maul für ihr Festessen weit auf. Sie machen dabei viel Lärm, grunzen, bellen und schnaufen. All

Tiefblaue Teiche mit Wasserpflanzen

das sieht man leicht vom Ufer aus. Die Einheimischen nennen diese fischreiche Meeresgegend „The Garden". Großartig sind auch die Sturzflüge der Basstölpel, die wie Geschosse aufs Wasser zurasen. Auf Quirpon Island fühlt man sich trotz der Nähe zum Festland Welten von der Zivilisation entfernt.

INFO

Lage: Die Insel Quirpon liegt an der Nordspitze Newfoundlands, nicht weit von der Küste und vom Dorf Quirpon.

Anfahrt: Vom Flughafen Deer Lake auf der NL-430 (Viking Trail) in 4,5 bis fünf Stunden Richtung St. Anthony. Kurz vor St. Anthony links auf die NL-436 abbiegen. Nach etwa 20 Minuten zweigt man rechts gegenüber einer Kirche nach Quirpon ab. Beim Eingang des Dorfes geradeaus zum Bootshafen am Ende der Straße fahren. Dort wartet das Luftkissenboot für die halbstündige Überfahrt. Manchmal muss man auf weniger stürmisches Wetter warten.

Unterkünfte:

- Quirpon Lighthouse Inn: auch Boottouren zu den Eisbergen; Juni bis Mitte September; Tel. +1 709 634 2285, Corner Brook, *linkumtours.com/accommodations/quirpon-lighthouse-inn*
- Viking Nest B & B: Tel. +1 709 623 2238, Hay Cove
- Hillsview B & B: Tel. +1 709 623 2424, Gunners Cove

Hinweise:

- Für die teils steinige 5,5 Kilometer lange Inselwanderung braucht man gute Schuhe.
- Wer schwindelfrei ist, kann die Wale in der Bucht beim Leuchtturm von den hohen Klippen aus beobachten, zu denen ein steiler Pfad hinaufführt. Rund um die Bucht wächst die Weiße Moororchidee.
- Die Insel ist auch bekannt für Moltebeeren (Bakeapples, siehe Tipp 39). Das Essen im Quirpon Lighthouse Inn wird von einheimischen Frauen gekocht, die gern aus ihrem Leben erzählen.

41. Iceberg Trail: grossartiger Küstenpfad für Aussichtsgeniesser

An diesem 59 Kilometer langen Fernwanderweg an der Nordspitze Newfoundlands wird teilweise noch gearbeitet, aber wichtige Etappen können erwandert werden. Der Iceberg Trail verbindet Fischerhäfen und Wikingerstätten, er führt durch wildromantische Landschaften und an abgelegene Küstenstriche. Die Ausblicke sind oft atemberaubend. Hier ist die Etappe von L'Anse aux Meadows nach Straitsview.

Für die gesamte Route, die in St. Lunaire-Griquet endet, braucht man wahrscheinlich etwa drei Tage. Einige Teilstrecken des Iceberg Trail gibt es schon lange. Andere wurden erst geschaffen und mit den alten Pfaden verbunden. Hier ist eine Teilstrecke beschrieben, die leicht erreichbar und gut ausgeschildert ist.

Sie beginnt beim nachgebauten Wikingerhafen Norstead in L'Anse aux Meadows. Dort kann man das Auto parken. Rechts ist ein

Boot bei der nachgebauten Wikingerstätte Norstead

Kiesweg zu sehen, der in einen Naturpfad übergeht und über die Tundra führt. Man folgt diesem Pfad etwa zehn Minuten lang und kommt an eine Weggabelung. Hier schlägt man die Richtung ein, die zum Strand hinunter und zum Fuß eines Hügels, Round Head genannt, führt. Ein gut sichtbarer Pfad schlängelt sich an seiner Flanke hoch. Während Atempausen sollte man die Sicht auf die Norstead-Gebäude, das Dorf L'Anse aux Meadows und den Nordatlantik und seine Inseln genießen. Oben auf der Hügelkuppe sieht man noch weiter in die endlose Tundralandschaft hinaus. Im Frühsommer tummeln sich in den Gewässern oft Wale. Auf der anderen Seite des Hügels geht der Pfad hinunter und dann dem Saum der Bucht entlang. Manchmal durchschneidet er die Heide, führt über einen Strand, durch Gebüsch oder eine wilde Wiese. Die Häuser des Weilers Hay Cove kommen immer mehr in Sicht. Dieser Teil, im Volksmund Lacey's Trail genannt, endet an der Straße NL-436, auf der man rechts nach Norstead zurücklaufen kann, wenn man nicht gleich die nächste Etappe anschließen will.

Wildblumen entlang Lacey's Trail

Wäscheleine in Hay Cove

Für die Fortsetzung geht man links auf dem Asphalt einige Hundert Meter weiter zum Sträßchen, das in den Weiler Hay Cove führt. Bei einer Ansammlung von Briefkästen zweigt es zum kleinen Hafen ab. Der Pfad verläuft dort parallel zum kurzen Strand und steigt dann hoch. Man folgt ihm zu einer Sitzbank, wo man sich wieder

Wanderung auf Cape Raven

Zeit für die Aussicht nehmen kann. Dann taucht der Wanderweg in ein Waldstück, in dem man nach fünf Minuten erneut eine Gabelung erreicht. Hier wählt man den Pfad, der weiter aufwärts führt, bis man eine zweite Sitzbank fürs Verweilen erreicht. Jetzt geht es einfach bergauf zur nächsten Hügelkuppe (Noddy Bay Head). Oben folgt man deren Scheitel, bis man auf den Weg trifft, der auf der anderen Hügelseite in eine kleine Senke führt. Dort besitzen zwei Brüder aus Straitsview eine Holzhütte an einem Teich. Der Weg führt am Rand ihres Grundstückes vorbei nach unten und quert dann zur nächsten Anhöhe hinüber. Also wieder aufwärts, bis man auf einer Kuppe mit einer hölzernen Plattform steht. Das ist Cape Raven, der Endpunkt des International Appalachian Trail, der in den USA beginnt. (Eigentlich ist der Endpunkt die Belle-Insel, aber kaum jemand geht dorthin.)

Sicht auf Eisberg in Straitsview

Das muss doch ein Ansporn sein, jetzt den letzten Kilometer dieses berühmten Fernwanderweges zu bewältigen! Wenn man auf dem Hügel weiterläuft, kommt man zu einem Picknicktisch und später zu einem weiteren Aussichtspunkt, von dem man das Dorf Straitsview, die gegenüberliegende Küste, Crow Island und vielleicht einen Eisberg in der Bucht sieht.

Nun geht es bergab, bis man den Ausgangspunkt der Wanderung erreicht, einen kleinen Parkplatz an der Straße NL-436. Von hier kann man der Straße entlang nach Norstead zurückwandern. Die gesamte Wanderung (Rundweg) ist etwa zweieinhalb bis drei Stunden lang.

Eisberg an der Küste bei L'Anse aux Meadows

INFO

Lage: An der Spitze der Northern Peninsula, etwa fünf Stunden vom Flughafen Deer Lake entfernt.

Anfahrt: Vom Flughafen Deer Lake auf der NL-430 (Viking Trail) in 4,5 Stunden in Richtung St. Anthony. Kurz vor St. Anthony links auf die NL-436 abbiegen. Nach etwa 25 Minuten erreicht man L'Anse aux Meadows. Ein Schild auf der rechten Seite zeigt die Zufahrt zu Norstead an.

Unterkünfte:

- Beachy Cove Cabins: Tel. +1 709 623 2038, Straitsview, *beachycovecabins.ca*
- Viking Village: Tel. +1 709 212 1258, Hay Cove, *saltboxbythesea.com*
- Viking RV Park: gleich bei der Abzweigung nach Quirpon; 1. Juni bis 30. September; Tel. +1 709 623 2425, *facebook.com/Viking-RV-Park-425924987550673*

Hinweis: Der Iceberg Trail ist stellenweise exponiert, steinig und von herausragenden Wurzeln durchsetzt. Gutes Schuhwerk und Trittsicherheit sind erforderlich. Auch eine lange Hose, wenn der Weg durchs Gebüsch führt. Bei starken Windböen sollte man sich von den Klippen fernhalten. Man könnte das Gleichgewicht verlieren.

42. Die Welt von oben betrachten: vier prächtige Aussichtspunkte

Nicht alle Besucher wollen den langen Eisberg-Pfad unter die Füße nehmen. Ihnen stehen dafür kurze Aufstiege zu Aussichtspunkten mit gloriosen Panoramen offen. Vier davon sind hier beschrieben: in St. Anthony, Gunners Cove, Quirpon und Noddy Bay. Die Weite des Ozeans und der Tundra, mit den kleinen Dörfern dazwischen, hinterlässt einen nachhaltigen Eindruck. Von oben wirkt alles noch gewaltiger.

Dare Devil Trail in St Anthony

Die beste Aussicht auf St. Anthony hat man vom Endpunkt des Dare Devil Trail. Man braucht nicht tollkühn zu sein, um diesen Aufstieg zu bewältigen, aber ein bisschen fit und schwindelfrei. Es handelt sich nämlich hier nicht um einen Pfad, sondern um eine Holztreppe mit 476 Stufen, die einer Felswand entlang nach oben führt. Insgesamt sind 168 Höhenmeter zu bewältigen. Man kann es auch gemächlich nehmen und zwischendurch auf Plattformen Pausen einlegen.

Belohnt wird man oben mit einer phänomenalen Aussicht auf St. Anthony, die Bucht, den Hafen und die weitere Umgebung. Als größere Gebäude stechen die Fischfabrik und das Krankenhaus heraus. Von hier erkennt man auch, dass St. Anthony von Hügelketten umrahmt wird.

476 Stufen auf dem Dare Devil Trail in St Anthony

In Gunners Cove, auf dem Weg nach L'Anse aux Meadows, macht ein Schild auf Aunt Bride's Trail aufmerksam. Der Pfad befindet sich direkt gegenüber der Viking Lodge, einer Pension mit Frühstück. Eine Holztreppe mündet in einen Waldpfad, der aber schnell in der Tundra wieder auftaucht. Man folgt dem Weg, bis man eine Plattform auf der Anhöhe erreicht. Hier kann der Blick ungehemmt über die Küste und die Inseln davor schweifen. Man entdeckt einsame Hütten an entfernten Gestaden und Fischerboote weit draußen auf dem Ozean. Das ist auch ein guter Standort, um Eisberge in der Ferne zu sichten. Auf der anderen Seite der Anhöhe breitet sich die Tundra mit kleinen Seen aus, in der sich manchmal Elche tummeln. Der Rundweg dauert etwa eine halbe Stunde.

Weitsicht vom Aunt Bride's Trail in Gunners Cove

In Quirpon biegt man im Dorf rechts ab und folgt der Bucht bis fast zum Ende. Noch vor dem letzten Haus findet sich links ein kleiner Parkplatz. Gleich gegenüber führt ein holpriger Pfad in die Höhe zu einer maroden Holzbrücke. Man lässt sie beiseite und folgt dem Erdpfad. Nach etwa einer Viertelstunde wählt man eine Verzweigung

Sicht auf das Fischerdorf Quirpon

auf der rechten Seite, die zur Plattform führt. Auch hier umgeht man einen baufälligen Holzsteg. In fünf Minuten hat man den Aussichtspunkt erreicht, von dem man das Dorf Quirpon, die gleichnamige Insel, die Küste und das Hinterland sieht. Wer Lust und Zeit hat, kann bei der Abzweigung weitergehen, auf einer Schneise für Geländemotorräder, die nach etwa fünfzehn Minuten am Fuß eines Hügels ankommt. Vor dort nimmt man den Pfad auf den Hügel hinauf und kann eine nochmals ganz andere fantastische Sicht auf die wilde Küste und den Ozean genießen.

Aussicht vom Noddy-Bay-Pfad auf Straitsview

In Noddy Bay schlägt man die Straße rechts gleich nach der Touristenunterkunft Snorry Cabins ein und fährt bis zum Ende der asphaltierten Straße. Dort lässt man das Auto stehen und folgt einem Schild, das den Wanderweg in Noddy Bay anzeigt. Bei der nächsten Verzweigung in einem Waldstück geht man links, nach fünf Minuten führt der Pfad in die Höhe. Man folgt ihm, ohne abzuzweigen, bis man oben eine Plattform erreicht. Hier hat man eine weite Sicht über die Bucht von Noddy Bay, die Tundra-Ebenen und die Straße nach L'Anse aux Meadows.

Von hier kann man denselben Weg zurückwandern oder den Rundweg einschlagen, der vom Hügel rechts abzweigt und auf eine tiefere Ebene führt. Dort erblickt man eine Bank, von der man den Weiler Straitsview und noch weiter auf den Ozean hinaus sieht. Das ist ebenfalls ein guter Ort zur Sichtung von Eisbergen. Ein Pfad führt von hier die Anhöhe hinunter und dem Ufer entlang an den Ausgangspunkt in Noddy Bay zurück.

INFO

Lage: St. Anthony ist rund fünf Stunden oder 419 Kilometer vom Flughafen Deer Lake entfernt. Von St. Anthony nach Gunners Cove sind es 29 Kilometer oder 26 Minuten, nach Quirpon 38 Kilometer oder 38 Minuten, nach Noddy Bay 38 Kilometer oder 35 Minuten.

Anfahrt: St. Anthony liegt am nördlichen Endpunkt der NL-430. Nach Gunners Cove biegt man auf die NL-436 ab. Von dieser Straße nimmt man die ausgeschilderte Abzweigung rechts nach Quirpon. Für Noddy Bay bleibt man auf der NL-436, bis man Snorry Cabins erreicht und dort nach rechts abbiegt.

Unterkünfte:

- Valhalla Lodge und Chalets: empfohlen wird „Quoyle's House"; Tel. +1 709 754 3105, Gunners Cove, *valhalla-lodge.com/rentals/quoyles-house.html*
- Hotel North: Tel. +1 709 454 3300, St. Anthony, *hotelnorth.ca/st-anthony-overview*

Hinweis: Diese Pfade sind zwar kurz, aber steinig und nach Regen manchmal auch rutschig, deshalb gute Schuhe anziehen. Fernglas mitnehmen.

43. Raleigh und Burnt Cape: arktische Landschaft mit Kanonenlöchern

Das Naturschutzgebiet von Burnt Cape wirkt wie eine mysteriöse Mondlandschaft. Weil die Halbinsel, auf der es sich befindet, auf drei Seiten dem Ozean, Nebel und den Winden ausgesetzt ist, entstehen hier arktische Temperaturen. Im Sommer wachsen auf Burnt Cape dennoch Dutzende seltener Blumenarten, man findet sonderbare geometrische Muster auf dem Boden und kreisrunde Grotten in den Küstenfelsen.

Wenn man der geschützten Bucht des Dorfes Raleigh entlangfährt (Ha Ha Bay genannt), kann man noch nicht ahnen, in was für eine ganz andere Welt man jetzt eintaucht. Das Terrain wird plötzlich steinig, die Vegetation spärlich und die ansteigende Naturstraße sehr holprig, vor allem am Anfang, nachher wird es leicht besser.

Fischerdock in Raleigh

Oben auf dem Felsplateau fühlt es sich an, als sei man auf einem anderen Planeten gelandet. Das 3,6 Quadratkilometer große Naturschutzgebiet scheint beinahe eine Steinwüste ohne Leben zu sein. Aber das täuscht: Weil der Boden auf Burnt Cape reich an Kalzium ist, wachsen hier im Sommer mehr als 300 Blumenarten. 30 gehören zu seltenen Pflanzen, etwa das Burnt-Cape-Fingerkraut, die Norne, eine Orchidee, oder das Arktische Weidenröschen. Burnt Cape mit seinen kiesigen, welligen Hügeln ist eine Fundgrube für

Einzigartige Muster im steinigen Boden von Burnt Cape

Botaniker! Die Pflanzen sind aber sehr klein und verstecken sich etwas im steinigen Untergrund. Die Halbinsel, die auf beiden Seiten von der kalten Strömung der Meeresstraße Strait of Belle Isle umgeben ist, wird auch von Vögeln aufgesucht, die sonst in arktischen Regionen zu finden sind, wie der Gerfalke, die weltweit größte Falkenart, und die Elfenbeinmöwe, die im Frühjahr auf dem Packeis beobachtet werden kann. Anfang Sommer nisten Vögel in den wenigen Waldflecken im Süden von Burnt Cape, etwa die Schwarzkopfmeise, der Kronenwaldsänger oder die Kurzohreule, die am Boden nistet. Kormorane besuchen die Halbinsel ebenfalls.

Felsen beim Wasser in Burnt Cape

Nach rund zehn Minuten Fahrt endet die steinige Fahrspur auf der nordwestlichen Seite der Halbinsel. Dort kann man den Wagen parken. Am Wasser fallen die Klippen senkrecht ab. Diesem Abgrund sollte man sich nur mit gebührender Vorsicht nähern. Bei Wind und Nebel muss man doppelt vorsichtig sein. Auf der rechten Küstenseite führt ein schmaler Pfad durch eine Grasweide und über gerundete Felsen hinunter zu einem tiefer liegenden Plateau. Teilweise ist der Pfad, den man nicht verlassen sollte, exponiert.

Felsen spiegeln sich in Gezeitenpools

Unten angekommen, erblickt man spektakuläre Felsformationen, die sich in den zahlreichen kleinen und großen Gezeitenpools spiegeln. Den Hintergrund bilden hohe Steinwände, die aussehen, als hätte man sie mit Fäden gefältelt und festgezurrt. Für Kinder sind die „Canon Holes", zwei kreisrunde Grotten in den Klippen, unwiderstehlich. Sie reizen sofort dazu, sie zu erkunden. Läuft man zur linken Seite des Plateaus, erspäht man den „Little Oven", eine von den Wellen herausgebrochene Höhle in den Küstenfelsen. Vor allem im Frühsommer schwimmen Wale und Eisberge nicht selten an diesem Ort vorbei. An klaren Tagen kann man die Küste von Labrador von hier aus sehen. Nach einem Fußbad in den meist angenehm warmen Wasserpools geht es auf demselben Weg wie-

Kanonenlöcher in den Klippen

der zurück zum Parkplatz. In der Umgebung lohnt es sich, nach Polygonen Ausschau zu halten, vieleckigen Steinkreisen, die vom Frost im Boden gebildet werden. Sonst findet man sie in Permafrostböden in der Arktis.

Die Sommertemperaturen in Burnt Cape sind die tiefsten in den Küstenregionen der Insel Newfoundland. Doch vor 400 Millionen Jahren bedeckte ein warmes tropisches Meer diese Gegend. Aus jener Zeit stammen die Fossilien, die auf Burnt Cape zurückgeblieben sind, vor allem schnecken- und tintenfischartige Wesen.

INFO

Lage: Raleigh ist 30 Kilometer oder rund eine halbe Fahrstunde von St. Anthony entfernt.

Anfahrt: Von St. Anthony aus nimmt man die NL-436 bei der Abzweigung nach L'Anse aux Meadows. Etwa drei Minuten nach der Abzweigung geht links die NL-437 nach Raleigh ab. Von dort sind es noch etwa 15 Minuten. Hat man die Bucht von Raleigh vor sich, fährt man links am Ufer entlang, bis man das Ende des Asphaltbelages und Burnt Cape erreicht. Dort steigt eine Naturstraße in die Höhe.

Unterkünfte in Raleigh:

- Raleigh Rooms: die Fischerman Unit hat eine kleine Küche; Tel. +1 709 452 2044
- Burnt Cape Cabins: Hier werden auch Boottouren und geführte Wanderungen auf Burnt Cape angeboten; 4 Main Street, Raleigh, Tel. +1 709 454 5336, *burntcapecabins.com*

Hinweise:

- In Burnt Cape kann es kühl und windig sein. Warme Kleider mitnehmen.
- Burnt Cape ist Schutzgebiet: keine Pflanzen, Steine oder Fossilien entfernen!
- Auf Burnt Cape gibt es keine Toiletten.

Website: *gov.nl.ca/ecc/natural-areas/wer/r-bce*

44. Cape Norman: nördlichster Punkt in Newfoundland

Der Leuchtturm von Cape Norman ist viel weniger bekannt als etwa Cape Spear nahe St. John's. Das macht gerade seinen Reiz aus. Wenige wissen, dass Cape Norman der nördlichste Punkt auf dem Festland der Insel Newfoundland ist. Der Turm steht hoch über eindrücklichen Kaskaden von Klippen. Diese Klippen erinnerten die früheren französischen Siedler an die Normandie, deshalb der Name Cape Norman.

Als der Seefahrer und Entdecker James Cook (ja, er wieder!) 1764 diese Gegend erforschte und auf einer Landkarte einzeichnete, gab er dem Ort Cook's Harbour seinen Namen. Noch vor dem Eingang dieses Dorfes zweigt eine holprige Lehmstraße auf der linken Seite nach Cape Norman ab. Wenn man ihr folgt, erreicht man den Leuchtturm in zehn Minuten. In der Nähe des Turms gibt es eine Stelle, wo man den Wagen parken kann. Viel spannender ist es jedoch, auf einem Küstenpfad zum Leuchtturm zu wandern. Nach der oben erwähnten Abzweigung erblickt man nach wenigen Minuten rechts ein Schild, wo der Whale Point Trail beginnt. Der Ort heißt Wild Bight. Die Rundwanderung ist etwa acht Kilometer lang, man braucht dafür zwei Stunden. Die Schönheit dieser Wanderung liegt in der wilden, exponierten Küstenlandschaft. Trotz oder gerade wegen ihrer Kargheit fasziniert sie. Diese Ecke ist starken Winden ausgesetzt, dennoch findet man hier eine widerstandsfähige Vegetation. Der weite Blick auf den Ozean und die raue Erdoberfläche fühlen sich befreiend an. Vom Pfad aus kann man nicht nur vorüberziehende Schiffe sehen, sondern auch Wale, Eisberge und Meeresvögel. Manchmal tauchen Kojoten und Elche auf, aber eher selten. Auch einige Strände, die zum Erkunden locken, liegen am Weg.

Jetzt nochmals ein Zückerchen für Hobby-Botaniker: Der Pfad führt durch Ödland aus Kalkgestein, („Limestone Barrens"), auf dem ganz seltene Blumen gedeihen. Dazu gehört Barrens Willow, eine alpine Weidenart. Auf einem Informationsschild steht, dass in der Region von Cape Norman die größte Anzahl dieser Pflanze zu finden ist, die nur auf der Nördlichen Halbinsel Newfoundlands

Kaskaden von Klippen bei Cape Norman

vorkommt. Eine andere rare Art ist Fernalds Braya, oder Fernalds Breitschößchen, die ausschließlich auf dem Kalkgesteingrund der Nördlichen Halbinsel wächst. Sie wurde Anfang des 20. Jahrhunderts vom renommierten Botaniker Merritt Lyndon Fernald von der Harvard-Universität entdeckt.

Die beeindruckenden Steinformationen entlang der Küste sind ein betörendes Fotomotiv. Große schieferfarbene Platten fügen sich wie steinerne Puzzles zusammen. Schon von Weitem kann man den Leuchtturm sehen, wie ein Mahnmal auf dem steinigen Plateau. Unterhalb des Turms fallen die Klippen terrassenartig ab, was ziemlich dramatisch wirkt.

Der erste Leuchtturm in Cape Norman wurde 1871, ein neuer Turm im Jahr 1906 gebaut. 1992 wurde er automatisiert, aber das lief schief, deshalb ist er noch heute bemannt. Derzeit wird in der Nähe ein neuer Turm gebaut.

Für den Rückweg kann man die Erdstraße wählen oder denselben Pfad zurückwandern, was etwa eine Stunde länger dauert, aber attraktiver ist.

Seltene Pflanzen auf Kalksteingrund

Nach der Wanderung lohnt sich ein Abstecher ins Dörfchen Cook's Harbour, unter anderem wegen der alten Kirche aus Holz, die gebaut wurde, als die Schoner früher in diesem geschützten Hafen auf ihrer Fahrt von und nach Labrador hielten, um ihre Vorräte aufzustocken. Das war zur Zeit der englischen Besiedlung, aber noch früher gehörte das Dorf zu der sogenannten French Shore, weil Hunderte von bretonischen Fischern bis ins 19. Jahrhundert jeden Sommer hierher zum Fischen kamen.

Leuchtturm und Wärterhaus von Cape Norman

INFO

Lage: Cook's Harbour ist rund fünf Stunden oder 419 Kilometer vom Flughafen Deer Lake und 40 Minuten oder 49 Kilometer von St. Anthony entfernt.

Anfahrt: Auf der NL-430 von Deer Lake oder St. Anthony bis zur Abzweigung auf die NL-435 nach Cook's Harbour. Dort vor dem Dorfeingang links nach Cape Norman abzweigen.

Unterkünfte:

- Grenfell Heritage Hotel and Suites: Tel. +1 708454 8395, 1 McChada Drive, St. Anthony, *grenfellheritagehotel.ca*
- Snuggle Inn Cottage Suites: Tel. +1 709 454 7133, 21 Gulley Bank Road, St. Anthony, *snuggleinn.ca*

Hinweise:

- Auf dem Wanderweg kann es sehr windig sein, also für alle Fälle Windjacke mitnehmen. Der Pfad ist leicht zu begehen, trotzdem gute Schuhe anziehen.
- Bitte nicht den Wanderweg verlassen, um die seltenen Pflanzen zu schützen. Keine Blumen pflücken!

Der Süden Labradors

Abendstimmung über Red Bay

Der Süden Labradors

45. Labrador Coastal Drive: roter Sand, Papageitaucher und ein Pfad für Wanderpioniere
46. L'Anse Amour: ältester Grabhügel und fotogener Leuchtturm
47. Die baskischen Walfänger von Red Bay
48. Battle Harbour: wiedererstandene Salzfischkapitale
49. Port Hope Simpson: Charlene Penney teilt Inuit-Kultur mit Besuchern
50. Mary's Harbour: drei kurze Wanderpfade, die es in sich haben

49
510
Port Hope
Simpson
Charlottetown
St Lewis
50
48
Mary's
Harbour
510
Lodge Bay
NEWFOUNDLAND
AND LABRADOR
HWY-510
Atlantischer
Ozean
47
Red Bay
Strait of
Belle Isle
Cape
Normar.
Pinware
Big Brook
510
45
46
L`Anse-au -Loup
Forteau
L`Anse-au-Clair
Green Island
Cove
Newfoundland
Blanc-
Sablon
Flowers
Cove
Sankt-
Lorenz-Golf

45. Labrador Coastal Drive: roter Sand, Papageitaucher und ein Pfad für Wanderpioniere

Der Trans-Labrador Highway beginnt beim Fährhafen Blanc-Sablon als reizvolle Küstenstraße, der Labrador Coastal Drive. Sie führt zuerst zu kleinen Dörfern wie L'Anse-au-Clair, Forteau und L'Anse au Loup. Rote Sandstrände und unwiderstehliche Naturpfade laden zum Flanieren und Wandern ein. Ein Ausflug über die Grenze in die Provinz Québec sollte man unbedingt für eine Insel mit Papageitauchern einplanen.

Der Zugang zum Süden Labradors ist einfacher, als viele Reisende glauben. Die Autofähre braucht rund 90 Minuten, um von St. Barbe in Newfoundland über die Strait of Belle Isle nach Blanc-Sablon überzusetzen. Aber bitte beachten, dass die Zeit in Newfoundland den Uhren in Labrador um eine halbe Stunde voraus ist. Der Fahrplan der Fähre richtet sich nach der Zeitzone Newfoundlands. Der Fährhafen Blanc-Sablon liegt in der Provinz Québec, aber man sollte diese Grenze nicht so eng sehen und auch die Dörfer, die nicht in Labrador liegen, besichtigen. Mit einem Boot kann man sich von Blanc-Sablon aus der Insel Green nähern, auf der eine Papageitaucherkolonie nistet. Im Frühsommer sieht man auch oft Eisberge und Wale. In Lourdes-de-Blanc-Sablon fallen rötliche flache Felsplatten bei Long Point auf, die wie große Zungen ins Wasser reichen und fast surreal wirken. Der französische Entdecker Jacques Cartier landete hier im Jahr 1534 und errichtete ein Kreuz.

Fischer holen Boot in Lourdes-de-Blanc-Sablon aus dem Wasser

Von den rund 30.000 Bewohnern im riesigen Raum Labradors – es nennt sich nicht umsonst „The Big Land" – leben rund 3500 Menschen in kleinen Dörfern an der südlichen Küste. In L'Anse-au-Clair

Pioneer Footpath bei Forteau

befindet sich das Gateway to Labrador Visitor Centre in einer historischen Kirche; ein guter Ort, um sich mit Broschüren und Informationen einzudecken. Ein Spaziergang am malerischen rötlichen Sandstrand, wo man auch Sanddünen findet, räumt mit der Vorstellung auf, dass Labradors Küste nur aus Klippen besteht.

Landschaft entlang des Labrador Coastal Drive

L'Anse-au-Clair ist die südlichste Gemeinde in Labrador und hat ihren Namen von den französischen Siedlern, die sie im frühen 18. Jahrhundert gründeten. Hier beginnt der Labrador Pioneer Footpath, ein Fernwanderweg, der insgesamt 65 Kilometer lang ist und sich der Küste entlang windet. Vor dem Bau der Straße in den 1950er-Jahren war dieser Pfad die Landverbindung zwischen den Siedlungen. Künftig soll der „Fußweg der Pioniere" bis nach Red Bay ausgebaut werden, was ihn insgesamt 110 Kilometer lang machen würde.

Rote Sandstrände laden zum Spazieren ein

Die meisten Besucher werden Teilstrecken abwandern, etwa von L'Anse-au-Clair nach Forteau. Ein guter Einstieg ist der Jersey Rooms Trail, ein bequemer, mit Kies befestigter Pfad, bestückt mit Informationstafeln über die Geschichte der Fischerei in L'Anse-au-Clair. Diese leichte Wanderung ist 4,8 Kilometer oder rund eine Stunde lang. Von der NL-510 (Trans-Labrador Highway) biegt man bei dem Sträßchen Oceanview Drive ab. Der Pfad beginnt am Strand, rechts von der St.-Andrews-Kirche.

Außerhalb des Dorfes L'Anse au Loup findet sich der abwechslungsreiche Pfad von Capstan Island nach Pinware, er deckt nur 2,6 Kilometer (Hinweg) ab, ist klar markiert und gut unterhalten. Den Beginn des Pfades markiert ein Schild am Trans-Labrador Highway, es befindet sich auf der Wasserseite.

Doch bleiben wir vorerst in Forteau, wo Gäste in einem restaurierten Haus wohnen können, das früher die einzige Krankenstation für Labradors Süden war. Damals gab es für die Einheimischen nur Ärzte in St. Anthony im Norden Newfoundlands. In Forteau musste eine Krankenschwester für viele Patienten sorgen und lebenswichtige Entscheidungen treffen. Das ursprüngliche Gebäude wurde 1946 mit einem neuem Bau ersetzt. Heute stehen Reisenden im Grenfell B & B mehrere Zimmer mit historischer Atmosphäre zur Verfügung. Es gibt sogar ein Zimmer, wo es geistern soll.

Sicht auf Forteau

INFO

Lage: L'Anse-au-Clair liegt sieben Kilometer vom Fährhafen Blanc-Sablon entfernt, Forteau 19 Kilometer. Von Blanc-Sablon bis Fort Old Bay in Québec sind es 79 Kilometer, dann endet die Straße. Nach Capstan Island sind es 53 Kilometer vom Fährhafen.

Anfahrt: Von der Fähre kommend, auf die NL-510 in östlicher Richtung einbiegen, um nach L'Anse-au-Clair und Forteau zu gelangen. Für das Dorf Blanc-Sablon nimmt man die westliche Richtung.

Aktivitäten:

- Geführte Wanderungen und Lachsfischen: nachfragen im Castaway Resort, *thecastawayresort.com*
- Bootausflüge und Fischen: nachfragen im The Florian Hotel, *theflorianhotel.com/explore*

Unterkünfte:

- The Florian Hotel: Tel. +1 709 931 0077, 4 Buckles Point Road, Forteau, *theflorianhotel.com*
- Northern Light Inn: Chalets mit eigener Küche; Tel. +1 709 931 2332, L'Anse au Clair, *northernlightinn.com*
- Grenfell Louie A. Hall B & B: Tel. +1 709 931 2916, *Forteau, grenfellbandb.ca*
- Pinware River Provincial Park: 22 Campingplätze; *parksnl.ca/parks/pinware-river-provincial-park*

Hinweise:

- Mückenspray und Mückennetz werden empfohlen, Kopfschutz oder noch besser ein Netzhemd. In Küstennähe bläst der Wind die Mücken weg, aber auf bewaldeten Strecken ist das nicht der Fall.
- Gutes Schuhwerk und Regenbekleidung mitnehmen. Im Gateway Labrador Visitor Centre sollte man sich nach dem Zustand der Pfade erkundigen.

Websites:

- *labradorcoastaldrive.com* (auch für Wanderungen)
- *southernlabrador.ca*

46. L'ANSE AMOUR: ÄLTESTER GRABHÜGEL UND FOTOGENER LEUCHTTURM

Eine holprige Lehmstraße, die man leicht übersehen könnte, führt vom Trans-Labrador Highway zum zweithöchsten Leuchtturm Kanadas in Point Amour. Vorher allerdings, nach einigen Hundert Metern, trifft man auf einen außergewöhnlichen prähistorischen Grabhügel, dessen Rätsel Experten bis heute nicht gelöst haben. Hier wurde ein Kind mit bedeutsamen Grabbeigaben bestattet.

Prähistorischer Grabhügel in L`Anse Amour

Das vorgeschichtliche Grab sieht auf den ersten Blick unscheinbar aus, eine runde Erhebung aus Steinbrocken, überwachsen mit Moos und Flechten. Dieses Monument kann in seiner Bedeutung indes nicht überschätzt werden: Es handelt sich um den ältesten dokumentierten Grabhügel auf dem nordamerikanischen Kontinent und wurde vor etwa 7500 Jahren errichtet. Ein Archäologenteam der Memorial-Universität in St. John's entdeckte das Grab im Jahr 1973. Unter einem Deckel von rund 300 Steinbrocken, die im Durchschnitt zehn Kilogramm schwer sind, fanden die Archäologen das Skelett eines vielleicht zwölfjährigen Kindes. Bei ihm lagen mehrere Grabbeigaben, zum Beispiel der Stoßzahn eines Walrosses, ein Anhänger und Messer aus Quarz. Solche aufwendigen Gräber findet man sonst bei sesshaften Gesellschaften. Aber dieses Grab wurde von Jägern und Sammlern gebaut, von Mitgliedern der Maritime Archaic Indians, die hier im Frühling Robben jagten. Sechs Personen hätten rund fünf Tage für den Bau des Grabhügels gebraucht. Bis heute gibt es offene Fragen: Warum soviel Aufwand für ein Kind? Warum wurde es mit dem Gesicht nach unten begraben und sein Rücken mit einem großen Stein beschwert? Handelt es sich um ein Menschenopfer? Der Grabhügel lag ursprünglich acht Meter vom Wasser entfernt, jetzt befindet er sich 800 Meter landeinwärts, weil sich der Erdboden nach dem Rückzug der Gletscher gehoben hat. Auf einer Holzterrasse geben interessante Informationsschilder mehr Hintergrund.

Auf eine weitaus jüngere Geschichte stößt man bei der Weiterfahrt auf der unbefestigten Straße, an einer Handvoll Häusern in L'Anse

Reste eines Schiffwracks in Point Amour

Amour vorbei, bis rechts ein Parkplatz mit einer Tafel erscheint. Von hier verläuft ein Pfad am steinigen Strand, wo die Überreste eines Schiffswracks liegen. Diese gehören zum britischen Kriegsschiff HMS Raleigh, das hier am 8. August 1922 im Nebel auf Grund lief. Die Offiziere des Schiffs waren auf dem Weg nach Forteau Bay, wo sie Lachs fischen wollten. Elf Männer verloren ihr Leben, rund 680 überlebten. Vier Jahre nach dem Unglück ließen die britischen Behörden das 12.000 Tonnen schwere Wrack in die Luft sprengen. Rostige Metallstücke sind bis heute über den Strand zerstreut.

Dieser Küstenabschnitt und die Gewässer der Strait of Belle Isle, der Meeresstraße zwischen der Insel Newfoundland und der Halbinsel Labrador, sind berüchtigt für Nebel, Stürme, wilde Strömungen und Eisberge. Deshalb wurde in Point Amour der zweithöchste Leuchtturm Kanadas aus Kalk- und Sandstein gebaut. Er ist 133 Meter hoch und wurde 1857 fertiggestellt. Es gibt eine geführte Tour, bei der man 132 Stufen (zuerst Treppen, dann zwei Leitern) bis an die Spitze steigen kann, wo man eine fantastische Panoramasicht auf die Umgebung hat. Bei der Tour erfährt man unter anderem, dass der Lichtschein 33 Kilometer weit gesehen werden kann.

Leuchtturm von Point Amour

Die Ausstellung im ersten Stockwerk ist sehr informativ: Hier findet man eine anschauliche Präsentation der Geschichte der Fischerei, Kopien von alten Landkarten, Einblicke in die Lebensweise der einheimischen Bevölkerung bis zu Berichten über deutsche U-Boote im Zweiten Weltkrieg. Der weiße Leuchtturm und die drei umliegenden Gebäude – darunter das Heim des letzten Leuchtturmwärters, das heute als Touristenunterkunft dient – sind mit ihren leuchtend roten Dächern ein attraktives Fotomotiv. Von der nahen, 1904 erbauten Marconi-Funkstation bleibt leider nur noch eine Ruine.

Aussicht vom Leuchtturm

INFO

Lage: L'Anse Amour und Point Amour befinden sich rund 28 Kilometer vom Fährhafen in Blanc-Sablon.

Anfahrt: Von Blanc-Sablon auf dem Trans-Labrador Highway (NL-510) rund 28 Kilometer Richtung Osten, dann rechts abbiegen und dann etwa zwei Kilometer auf der Erdstraße zum Leuchtturm fahren.

Aktivitäten:

- Point Amour Lighthouse: Ende Mai bis Anfang Oktober täglich 9:30 bis 17 Uhr; Tel. +1 709 729 0592, Point Amour, *pointamourlighthouse.ca*
- Auskunft über die Region gibt das Gateway To Labrador Visitor Centre, 38 Main Highway, L'Anse Au Clair, Tel. +1 709 931 2013.

Unterkunft:

- Max's House: das ehemalige Heim des letzten Leuchtturmwärters in Point Amour, drei Schlafzimmer, ideal für Kleingruppen und Familien. Tel. +1 709 931 2840 ext. 2, *tourlabrador.ca/home/maxs_house.htm*

47. Die baskischen Walfänger von Red Bay

Vor rund 500 Jahren erlegten Basken Zehntausende von Walen in der Umgebung von Red Bay. Über 80 Jahre dominierten sie den Handel mit Fischbein und Öl. Von ihren Häusern in Red Bay blieben nur rote Dachziegel übrig. Erst in den 1970er-Jahren brachten Forscher die bewegte Geschichte dieser Walfänger aus Europa zutage. Seit 2013 ist die Stätte ein UNESCO-Weltkulturerbe.

Sicht auf Red Bay

Die Bewohner der kleinen Fischergemeinde Red Bay wissen noch nicht so lange, welche Ereignisse sich im 16. Jahrhundert in ihrer Bucht abspielten. Die roten Ziegel, die sie früher fanden, hielten sie für bunte Steine. Doch die kanadische Forscherin Selma Barkham stieß im spanischen Baskenland auf uralte Gerichtsdokumente, die Aktivitäten von baskischen Walfängern in Red Bay beschreiben. Im Jahr 1977 entdeckte Barkham im Boden von Red Bay Harpunen, Fischbein und Ziegel. Archäologen der Memorial-Universität in St. John's fanden Steinöfen der Basken und mehrere Schiffswracks auf dem Grund des Hafens, darunter eine baskische Galeone voller Walölfässer aus dem Jahr 1565. Während der wärmeren Monate harpunierten Hunderte von baskischen Männern Wale von kleinen Booten aus. Eines dieser acht Meter langen Boote, das ziemlich gut erhalten ist, wird im neu renovierten Museum von Parks Canada ausgestellt. In rund 70 Jahren erlegten die Walfänger nach Schätzungen etwa 25.000 Atlantische Nordkaper und Grönlandwale.

Rundweg auf Saddle Island

Im frühen 17. Jahrhundert endete die baskische Waljagd in Red Bay. Im Dorfmuseum ist ein nicht ganz vollständiges, 400 Jahre altes Skelett eines Atlantischen Nordkapers ausgestellt. Auf Informationstafeln erfährt man viele spannende und traurige Einzelheiten über diese Säugetiere und die Jagd auf sie.

Parks Canada hat ebenfalls ein Informationszentrum, das man unbedingt besuchen muss, um sich die Geschehnisse in Red Bay vorstellen zu können. Ausgegrabene Kleider und Fußbekleidung von verstorbenen baskischen Walfängern sind hier ausgestellt.

Auf einer kleinen Insel in der Bucht, Saddle Island, liegen 140 baskische Waljäger begraben. Besucher können sich gegen einen kleinen Geldbetrag in einem Boot übersetzen und wieder abholen lassen. Die Fahrt dauert nur wenige Minuten. Derzeit bietet Gull Island Tours solche Fahrten an, für die man sich im Parks-Canada-Gebäude anmelden kann. Auf Saddle Island kochten die Basken den Walspeck, bis daraus das begehrte Öl für die Lampen in Europa entstanden war. Erwarten Sie nicht historische Behausungen

Walknochenpfad

Halswirbelknochen eines Wales

aus der Baskenzeit auf der Insel, es stehen neuere Gebäude der Leuchtturmstation dort. Die ausgegrabenen Steinöfen sind zu ihrem Schutz unter einer Grasdecke versteckt. Nur Kuhlen, wo manche der Öfen standen, und rote Dachziegel zeugen von der Präsenz der Basken. Ein leichter Wanderpfad führt um die Insel, meist auf Holzstegen. Die Tour ist nicht geführt, aber mehrere Hinweistafeln geben ausführlich Auskunft. Man kommt an den Gräbern der Walfänger vorbei und sieht das Wrack der „Bernier", eines Frachtschiffes aus Québec, das 1966 während eines Sturms am felsigen Ufer von Saddle Island zerschellte. Für diesen Ausflug braucht man gut eine Stunde.

Ein anderer kurzer Wanderweg (ungefähr eine halbe Stunde hin und zurück) führt an den Walknochenstrand: der Boney Shore Trail.

689 Stufen auf den Tracey Hill

Man biegt dafür von der Straße NL-510 am Rand von Red Bay ab. Der Pfad kurvt zum Strand hinunter, wo 400 Jahre alte Schädel und Halswirbelknochen von Walen im Gras liegen. Manche Knochen gleichen hellgrauen Steinbrocken.

Wer eine unvergessliche Aussicht auf Red Bay und die Umgebung genießen will, sollte unbedingt die Wanderung auf den Tracey Hill machen. Zugang und Parkplatz sind dieselben wie für den Boney Shore Trail. 689 Holzstufen müssen für den Aufstieg zurückgelegt werden, aber die leicht zu bewältigende Anstrengung lohnt sich. Die Wanderung ist rund drei Kilometer hinauf und zurück (etwa eine Stunde).

INFO

Lage: Etwa 1,5 Fahrstunden oder 81 Kilometer vom Fährenhafen Blanc-Sablon

Anfahrt: In Blanc-Sablon den Trans-Labrador-Highway (NL-510) in östlicher Richtung nehmen.

Aktivitäten:

- Red Bay National Historic Site: geführte Touren zu historischen Stätten mit Geschichtenerzählern, sehr unterhaltsam und informativ; buchbar (auch Wassertaxi nach Saddle Island) im Parks-Canada-Zentrum; Anfang Juni bis Ende September; Red Bay, *pc.gc.ca/en/lhn-nhs/nl/redbay/activ/decouverte-tours*
- Right Whale Exibit Museum: Anfang Juni bis Ende Oktober täglich von 9 bis 17 Uhr; Tel. +1 709 920 2197, 50 Main Highway, Red Bay, *newfoundlandlabrador.com/plan-and-book/attractions/11494361*
- Boottouren mit Whaler's Quest: Tel. +1 800 763 1840, *whalersquest.ca*

Unterkunft:

- Whaler's Station: Restaurant und Cabins; Tel. +1 709 920 2156, 72-76 West Harbour Drive, Red Bay, *redbaywhalers.ca/home/restaurant.htm*

48. Battle Harbour: wiedererstandene Salzfischkapitale

Die Battle-Insel vor der Küste Labradors zeigt, wie man aus der Vergangenheit etwas Neues machen kann: Battle Harbour war in der zweiten Hälfte des 19. Jahrhunderts ein zentraler Umschlagplatz für getrockneten Salzfisch, der in die ganze Welt verschifft wurde. Heute kann man in restaurierten Gebäuden alles über diese Zeit erfahren. Einheimische weihen Besucher in den Alltag ihrer Vorfahren ein.

Nach Battle Island fährt ein Boot von Mary's Harbour aus. Wenn nach einer Stunde die historischen Holzhäuser von Battle Harbour auftauchen, die alte Kirche, die historischen Lagerhäuser und die Holzstege am Ufer, fühlt man sich in eine andere Zeit versetzt. Die ist aber viel ruhiger als die Ära vor 150 Jahren, als bis zu 90 Schiffe im Hafen warteten, um ihren Fischfang abzuliefern. Battle Harbour wurde im 17. Jahrhundert als Fischereistützpunkt etabliert und entwickelte sich rasch zur Drehscheibe der Kabeljaufischerei in Labrador.

Eisberg auf der Überfahrt nach Battle Harbour

Heute stehen am Hafen die restaurierten Lagerhäuser für Salz, Mehl, Schweinefleisch, für Fische und Fässer, zwischen denen früher Männer mit Lasten hin- und hereilten. Die Fischerei von Labrador war einst eine der wichtigsten der Welt. Viele Newfoundlander zogen damals im Frühjahr hierher. In Battle Harbour salzten Männer riesige

Alte Lagerhäuser als Museum

Mengen von Fisch ein, vor allem Kabeljau, und trockneten sie auf Holzgestellen für den Transport. Reich wurden die Fischer dabei nicht, denn die Händler beluden sie mit Schulden und nutzten sie aus. Die Glanzzeit von Battle Harbour ging ab 1920 zu Ende, der Exodus der Bewohner setzte ein. Heute kommen aber immer noch einige örtliche Familien im Sommer auf die Insel. Battle Island wurde für einen Dollar an die Stiftung Battle Harbour Trust verkauft, die den Ort zu einem Freilichtmuseum machte.

Nach dem Niedergang des überfischten Kabeljau sattelten die Fischer in den 1990er-Jahren um. Einige lernten, alte Bauten zu restaurieren. Manche der Gebäude in Battle Harbour wurden auch mithilfe von alten Fotos nachgebaut, wie das Merchant House mit seinen schönen Touristenzimmern. Im Salzspeicher kann man heute noch den Platz am Fenster im Dachgeschoss sehen, wo der amerikanische Entdecker Robert Peary nach seiner Expedition zum Nordpol 1909 seine erste Pressekonferenz abhielt. An seiner Seite war der Newfoundlander Kapitän Bob Bartlett, der ihn begleitet hatte (siehe auch Tipp 8, Seite 58). Neben den Gebäuden dehnen sich plattformartige Holzgestelle (Flakes) für die Fischfilets aus.

Holzgestell zum Trocknen der Fische.

Ehemalige Fischer, deren Familien Wurzeln in Battle Harbour besitzen, führen die Besucher durch die Räume und über die karge, faszinierende Insel und erzählen, wie es

Restaurierter Lagerschuppen

früher war. Ihr Akzent passt zur authentischen Ausstrahlung des Ortes. In der Küche kochen einheimische Frauen. Die einfache Kost von früher hat man allerdings für die Gäste stark verfeinert. In der Küche wird Interessierten gegen eine Gebühr auch die Zubereitung der traditionellen Brötchen (Buns) gezeigt. Inbegriffen ist das Rezept und eine Schürze. Im Esssaal am Hafen sitzen die Gäste an langen Tischen zusammen und tauschen sich aus. Oft unterhalten sie sich auch mit dem einheimischen Personal, das freundlich und auskunftsfreudig ist.

Ein Generator erzeugt den Strom für die Insel. Die Besucher werden mit Stil untergebracht – einen Fernseher oder Kühlschrank sucht man in den Zimmern jedoch vergebens. Battle Harbour soll ein Ruhepol sein. Ein Zugeständnis an die moderne Zeit ist der Internetempfang im gemütlichen Dachgeschoss über dem Geschenkladen, in dem sich auch eine Bar befindet.

Die Tundralandschaft der Insel ist von einer kargen, wilden Schönheit. Auf einem Spazierpfad auf die Hügel hinter den Gebäuden kommt man zur Ruine der Marconi-Funkstation, von der aus Peary seine Nachricht des Nordpolsieges in die ganze Welt verschicken ließ. Weiter auf dem Pfad geht es zu einem Flugzeugwrack und an zwei Friedhöfen vorbei. In Battle Harbour stand einst das erste Krankenhaus in Labrador, es brannte jedoch 1930 ab. Die erhaltene Residenz der Ärzte, ein aus England verschifftes Haus, kann heute von Gästen gemietet werden.

Naturfreunde werden sich die Nachbarinsel Great Caribou Island nicht entgehen lassen: Wenn man Glück hat, findet man Höhlen der einheimischen Polarfüchse.

Sturmumtoste Insel Battle Island

INFO

Lage: Battle Harbour erreicht man per Boot in rund einer Stunde von Mary's Harbour aus.

Anfahrt: Vom Fährhafen in Blanc-Sablon fährt man in rund 2,5 Stunden auf dem Trans-Labrador Highway nach Mary's Harbour. Distanz 165 Kilometer.

Unterkünfte: Vermietet werden Zimmer im Merchant House und in der Battle Harbour Inn, aber auch historische Chalets und die Grenfell-Residenz stehen zur Verfügung. Das Essen ist Teil des Gesamtpaketes. Für den kleinen Geldbeutel gibt es erschwingliche Kajütenbetten mit Gemeinschaftsküche im alten Kochhaus.

Hinweise:

- Gutes Schuhwerk auf die Insel mitnehmen.
- Die Überfahrt mit dem Boot ist vom Wetter abhängig und muss manchmal verschoben werden.
- Eine Übernachtung ist ein bisschen knapp für einen Aufenthalt, zwei Nächte sind viel besser.
- Auf der Insel werden auch Bootfahrten angeboten.

Website: *battleharbour.com*

49. Port Hope Simpson: Charlene Penney teilt Inuit-Kultur mit Besuchern

Die Inuit im Süden Labradors haben sich stark mit der weißen Bevölkerung vermischt. Trotzdem möchten sie ihre ursprüngliche Kultur bewahren. Die Künstlerin Charlene Penney, deren Eltern Inuit waren, lässt sich von ihren indigenen Vorfahren inspirieren. In ihrem Laden im Dorf Port Hope Simpson kann man Charlenes Inuit-Kunsthandwerk aus einheimischen Materialien besichtigen.

Für die traditionellen Szenen, die Charlene Russell Penney kreiert, seien es von Hunden gezogene Schlitten, Iglus oder Karibus in einer Mondnacht, kommt „alles aus der Natur um mich herum." Sie verwendet Robben- und Hasenfell, Moos, Zweige, Baumrinde oder Steinchen. Es sind Dinge, die sie mit dem Leben ihrer Vorfahren verbinden. Diese Inuit jagten, fischten, sammelten Beeren und reisten auf Hundeschlitten.

Das Leben ihrer Vorfahren inspiriert Charlene Penney

Charlene Russell Penney wurde mit einer angesehenen Medaille (King Charles III Coronation Medal) ausgezeichnet, weil sie die Lebenskultur ihrer Inuit-Vorfahren durch ihre Kunsthandwerke lebendig erhält. „Meine und andere Kinder lernen dadurch die Geschichten, wie es früher war", sagt sie. Sie wuchs mit drei Brüdern in Williams Harbour auf, einer winzigen Siedlung auf einer kleinen Insel nahe

Das Material kommt von der Natur

der Küste. „Mein Vater hat meine Brüder und meine zwei Söhne fischen und jagen gelehrt. Einer meiner Brüder besitzt sechzehn Huskys und nimmt an Hundeschlittenrennen teil." Ihre Mutter ging Beeren pflücken für die Versorgung im Winter.

Als Kind noch zog Charlene zu ihrem Onkel nach Port Hope Simpson, wo es eine Schule gab. Die isolierten Siedlungen von Williams Harbour wurden im Jahr 2017 offiziell aufgegeben, die Regierung schnitt die Elektrizität ab. Aber Charlenes Familie kehrt im Sommer oft auf die Insel zurück, auf der das Elternhaus immer noch steht. „Wir hatten kürzlich eine Familienzusammenkunft", erzählt Charlene Penney, „und wir Frauen haben aus Robbenfell Beutel, Armbänder, Stiefel, Handschuhe und Mützen hergestellt. So können die Kinder sehen, wie wir es machen." Sie erzeugen während der Besuche Strom mit Generatoren, aber sonst herrscht eine wundervolle Stille dort. „Es fühlt sich an wie in alten Zeiten", sagt Charlene. „Ich fühle ich so frei dort."

Charlene machte eine Ausbildung in St. John's, kehrte aber in ihre Heimat zurück, die Nunatukavut oder „Unser uraltes Land" genannt wird. Nunatukavut umfasst Süd- und Zentrallabrador. Laut der Nunatukavut-Website leben rund 6000 Inuit in diesem Gebiet, die größte indigene Gruppe Labradors. Die kanadische Regierung verlieh ihr 2018 die vollen Rechte, die Indigene in Kanada genießen.

Früher bevölkerten die Ureinwohner uneingeschränkt die Küsten und Flüsse Labradors. Dann kamen die weißen Fischer und später die Siedler. Die Begegnungen zwischen den Neuankömmlingen aus Europa und den Inuit verliefen nicht immer friedlich und kosteten zahlreiche Leben auf beiden Seiten. Im Jahr 1765 wurde ein Abkommen erzielt (British-Inuit Treaty), um die gewaltsamen Konfrontationen zu beenden. Mit dem Abkommen stellten sich die Inuit unter den Schutz der britischen Krone; im Gegenzug wurden ihnen Jagd-, Rohstoff- und Handelsrechte garantiert. Weiße konnten sich in Labrador niederlassen „und überlebten in unserem Territorium dank des Wissens und der Fähigkeiten der Inuit von Nunatukavut",

Kinder lernen, wie es früher war

heißt es auf der Website. „Wie alle indigenen Völker in Kanada litten auch wir unter den Folgen des Kolonialismus. Fremde plünderten unsere Rohstoffe, brachten ihre eigene Regierungsform mit, lehnten unsere Sprache ab, und viele unserer Leute wurden umgesiedelt und in Internate gezwungen."

Inuit im Süden Labradors waren früher Fallensteller im Winter, erlegten Robben im Frühjahr und fischten Kabeljau und Lachs im Sommer. Im August sammelten und trockneten sie auch wilde Beeren. Weiße Männer heirateten Inuit-Frauen, und so vermischten sich die beiden Völker.

INFO

Lage: Vom Fährhafen Blanc-Sablon sind es mit dem Auto rund 220 Kilometer auf dem Trans-Labrador Highway (NL-510) bis Port Hope Simpson.

Anfahrt: Mit der Autofähre in St. Barbe/Newfoundland nach Blanc-Sablon übersetzen, dann auf dem Trans-Labrador Highway rund 3,5 Stunden nach Port Hope Simpson fahren.

Charlene Penneys Laden befindet sich an der Route 510 Nr. 200 in Port Hope Simpson.

Penney's Pitstop umfasst auch einen Stellplatz für Motorhomes, eine Tank- und Reparaturstelle und Aufladeplatz für Elektroautos, ein kleines Café und Unterkünfte, darunter ein Cottage mit Küche und 2 Schlafzimmern und zwei Einheiten mit 1 Schlafzimmer und Küchenzeile.
facebook.com/profile.php?id=100063518378435

Öffnungszeiten: Das ganze Jahr offen, außer der Campingplatz (Mai bis November). Tel. +1 709 960 0499

Facebook-Seite von Charlene Penneys Laden:
facebook.com/timelessnorth

Hinweise:
- Mehr über die Organisation Nunatukavut: *nunatukavut.ca*
- Geschichte und Kultur der Inuit und Métis im Süden Labradors: *heritage.nf.ca/articles/aboriginal/southern-inuit-culture.php* (dort den Suchbegriff Nunatukavut eingeben)

50. Mary's Harbour: drei kurze Wanderpfade, die es in sich haben

Es müssen nicht immer ausgedehnte Wanderungen wie der Fernwanderweg Labrador Pioneer Footpath sein. Gerade wenn man lange Strecken fährt, sind kurze Unterbrechungen willkommen, um sich die Füße zu vertreten. In Mary's Harbour gibt es gleich drei Optionen: Der White Water Falls Trail führt zu einem Wasserfall, der Gin Cove Walking Trail an eine schöne Bucht und der Dr. Moret's Walking Trail durch Wald und Heide.

Mary's Harbour ist ein hübsches, schlichtes Fischerdörfchen nahe dem Trans-Labrador Highway. Hier tanken viele Touristen Benzin und fahren dann weiter. Das ist schade, denn hier kann man in relativ kurzer Zeit eine interessante Landschaft zu Fuß erkunden. Alle drei Wanderstrecken sind leicht zu bewältigen. Der White Water Falls Trail beginnt hinter dem Gemeindehaus, der Town Hall, und dauert rund eine Stunde (drei Kilometer). Meistens kann man auf einem Plankenweg laufen, zuerst einer Landepiste und dann dem St. Mary's River entlang. In diesem Fluss wird Lachs gefischt. Der Endpunkt des Wanderpfades ist ein Wasserfall, der schäumend über Felsen hinunterstürzt.

Das Fischerdörfchen Mary's Harbour

Sonnenuntergang an den White Water Falls

Der Dr. Moret's Walking Trail ist nach einem Arzt benannt, der als erster ansässiger Mediziner in Mary's Harbour tätig war. Er arbeitete für die Internationale Grenfell-Vereinigung, die immer wieder Ärzte in abgelegene Regionen in Newfoundland und Labrador schickte. Der Wanderweg führt zu der Stelle, wo Morets Haus einst stand. Es ist aber 1945 abgebrannt. Hier geht es ohnehin um den ein Kilometer langen Pfad, der eine faszinierende Wald- und Heidelandschaft durchquert. Entlang des Weges kann man an Holztischen den mitgebrachten Proviant verspeisen.

Wandern auf Holzstegen durch die Heide

Schöne Sicht vom Gin-Cove-Pfad auf Mary's Harbour

Auf dem Gin Cove Walking Trail (1,2 Kilometer hin und zurück) erreicht man panoramische Ausblicke, denn am Anfang steigt er etwas an. Auch hier geht man über Plankenstege und -treppen. Der Pfad ist nur 20 bis 30 Minuten lang, aber lohnenswert. Zuerst steigt

Bucht am Ende des Gin-Cove-Pfades

man auf einer Holztreppe auf eine Anhöhe, von der man eine imposante Aussicht auf Mary's Harbour und den Nordatlantik hat. Dann geht es abwärts durch die Küstenvegetation, bis man die Bucht erreicht, wo früher Menschen siedelten, bevor es das Dorf Mary´s Harbour überhaupt gab. Auf dem selben Pfad geht es zurück.

INFO

Lage: Vom Fährhafen Blanc-Sablon rund 170 Kilometer auf dem Trans-Labrador Highway.

Anfahrt: Mit der Autofähre in St. Barbe/Newfoundland nach Blanc-Sablon übersetzen, dann auf dem Trans-Labrador Highway rund 2,5 Stunden nach Mary's Harbour fahren.

- Zum White Water Falls Trail: Man zweigt vom Trans-Labrador Highway (NL-510) rechts in die Lodge Bay Road ein, bis sie in die Main Street mündet, dort links abzweigen, auf der Main Street weiterfahren. Die Hillview Road ist die zweite Seitenstraße auf der linken Seite, an deren Ende der Pfad beginnt.
- Zum Dr. Moret's Walking Trail: Auf der Main Street weiterfahren und nach der Hydro Road links die nächste Abzweigung nehmen.
- Zum Gin Cove Walking Trail: Auf der Main Street weiterfahren, bis man das Schild sieht (219 Main Street).

Unterkunft:

- Alexis Hotel: Alexis Drive, Port Hope Simpson, Tel. +1 709 960 02282, *alexishotel.ca*

Hinweise:

- Auf Holzplanken kann man ausrutschen, wenn sie nass oder vereist sind. Auch im Juni kann hier noch teilweise Schnee liegen. Deshalb ist gutes Schuhwerk auch für leichte Pfade erforderlich. Auf dem Gin Cove Trail sind manche Planken etwas schief, deshalb auf das Gleichgewicht achten.
- Vor allem im Sommer Mückenschutz nicht vergessen.
- Vorsicht auf den Felsen in der Nähe des Wasserfalls. Beim Fotografieren sich nicht zu weit vorwagen!

Register

Dank

Danken möchte ich Erin Skinner von Newfoundland & Labrador Tourism, Randy Letto und Donna Roberts von Destination Labrador, Peter Bull, dem Manager von Battle Harbour, Angela Gilley und Shane Dumaresque, Besitzer des Hotels Florian in Forteau, Ed English von Linkum Tours und Christopher Mitchelmore, dem früheren Minister für Tourismus.

Wichtige Hinweise zur Sicherheit

Wir möchten Sie darauf aufmerksam machen, dass bei der Nutzung dieses Reiseführers bestimmte Risiken bestehen können, die im Zusammenhang mit den beschriebenen Aktivitäten und Attraktionen stehen. Bitte beachten Sie daher die folgenden Hinweise:

- **Umgang mit diesem Buch:** Beim Blättern können scharfkantige Papierbögen kleine Schnittverletzungen verursachen. Seien Sie vorsichtig.
- **Outdoor-Aktivitäten:** Wanderungen und Radtouren bergen Sturz- und Unfallgefahren. Prüfen Sie vor Ihrem Aufbruch den aktuellen Wetterbericht, da Wege bei Nässe schnell rutschig werden können.
- **Attraktionen und Sehenswürdigkeiten:** Befolgen Sie stets die Sicherheits- und Warnhinweise sowie Anweisungen der Betreiber vor Ort, um Gefahren zu vermeiden.
- **Aktualität der Informationen:** Die Angaben in diesem Buch wurden sorgfältig zusammengestellt, können jedoch Änderungen unterliegen. Überprüfen Sie Öffnungszeiten, Routenbeschreibungen und andere relevante Informationen vorab.
- **Unzureichende Vorbereitung:** Die Beschreibungen im Reiseführer dienen als Grundlage, ersetzen aber nicht eine gründliche Vorbereitung. Informieren Sie sich zusätzlich zu Schwierigkeitsgraden, Routen und notwendiger Ausrüstung.
- **Umwelt- und Tierschutz:** Nehmen Sie Rücksicht auf die Natur und vermeiden Sie Verhaltensweisen, die Flora und Fauna schädigen könnten. Begegnungen mit Wildtieren können potenziell gefährlich sein.
- **Überfüllung und Infrastruktur:** Beliebte Attraktionen können stark frequentiert sein, was Gedränge und Einschränkungen bei Sicherheitsmaßnahmen mit sich bringen kann. Planen Sie entsprechend.
- **Eigenverantwortung bei Empfehlungen:** Die im Buch enthaltenen Tipps und Empfehlungen garantieren keine absolute Sicherheit oder Eignung. Prüfen Sie vor Ort die Bedingungen und entscheiden Sie nach eigener Einschätzung.

Sollten Sie darüber hinaus potenzielle Gefahren feststellen, Beschwerden zur Produktsicherheit haben oder sollte es zu Unfällen oder Verletzungen in Zusammenhang mit unseren Produkten kommen, nehmen Sie bitte Kontakt mit uns auf.

Ansprechperson: Andreas Walter, Tel.: +49 (0)2104 5063-104
E-Mail: produktsicherheit@360grad-medien.de

Bildnachweis:

Alle Bilder von Bernadette Calonego außer Coverbild Adobe Stock | Adavyd cc by-sa 4.0 S. 19u | Becky Matsubara cc by 2.0 S.16u | Bernard975 cc by-sa 4.0 S. 22 | Charlene Penney S. 244-246 | Djandyw_com_AKA_nobody cc by-sa 2.0. S. 16o | Lukester878 cc by-sa 3.0. s. 15 | Manfred Eyhorn S. 224/225, 237o, 238o | maps4news S. 24/25, 29, 65, 89, 125, 145, 169, 191, 227 | Troy Hackett S. 21 | USFWS pixnio S. 50 | Wayne Bartlett S. 221, 223